7日でできる!

初級

地方公務員
過去問ベスト

公務員試験専門
喜治塾
編著

高橋書店

本書の特長と使い方

本書は、地方公務員・初級（高卒程度）の採用試験、国家公務員・一般職（高卒程度）、経験者採用試験などの教養試験（基礎能力試験）に対応しています。実際に地方公務員・初級（３類）などで出題された頻出分野の問題を７日間で効率よく学習できるようになっているのが特長です。
たった７日間で完成する内容ですが、合格するための要素がぎっちりと詰まっています。本書を使ってぜひ短期間で合格を勝ちとってください。

本書の特長

1 １日15問前後の問題を解き、解説を読んで理解していくことで、教養試験で出題される頻出分野を７日間でマスターできるようになっています。７日間に重要項目をギュッと圧縮して掲載しています。

2 特に知能分野の「数的推理」「判断推理」「図形」は、詳細・丁寧な解説をしています。解説を読みながら学習を進めることで、基礎知識が習得できます。

3 解答時間の目安を示しているので、本番を想定して学習を進められます。本試験のだいたいの合格ラインである６割の正解を目指して頑張りましょう。

4 知識分野は、「歴史・思想・芸術・文学」「政治・法律・経済」「数学・物理・化学・生物・地学」など、膨大な範囲のなかから、重要項目をピックアップし、毎日４～８問掲載しています。問題は公務員試験での頻出度などの観点から、受験のプロが選び抜いています。

5 基本事項については、「総まとめ」として、頻出分野を中心に最低限押さえておくべきことをまとめています。コンパクトにまとめてあるので試験直前にも最適です。

6 解答・解説は別冊にまとめているので、勉強がしやすくなっています。またポイントを付属の赤シートで隠せるので、何度も復習するのに便利です。

7 ７日目は本番を想定した“プチ模擬試験”になっています。本番は限られた時間で解答しなければなりません。制限時間内である程度の問題数を解く練習ができるようになっています。

本書の使い方

試験間近になって対策を
考え始めた人でも大丈夫！

1　短期合格を目指す場合

１日目、２日目……と順番に進めてください。解けない問題も多いと思いますが、解説を読みながら１問１問、解き方がきちんと理解できるまで学習しましょう。問題によっては解説を読んでもすぐに理解できず、かなりの時間を要する場合があるかもしれません。
しかし、いちばん良くないのは、そこであせってしまい「いきなり問題を解くのではなく、やっぱり基礎からやっていかないとダメだ！」と本書を放り出してしまうことです。「総まとめ」で知識の確認をし、解説を読んでじっくりと考えれば、必ず「そういうことか！」とわかりますので、そこまでは我慢して考えてみてください。
１日分は14～26問あるため、それらを進めるだけでもそれなりの時間がかかります。しかし、合格できる力が着実に身につけられるので、めげずに頑張ってください。

2　すでに試験対策を進めている場合

これまでの勉強の総確認のための模擬テストとして利用できます。すべて過去問題をベースに作成した問題ですので、本番の試験を想定してチャレンジしてみましょう。

別冊

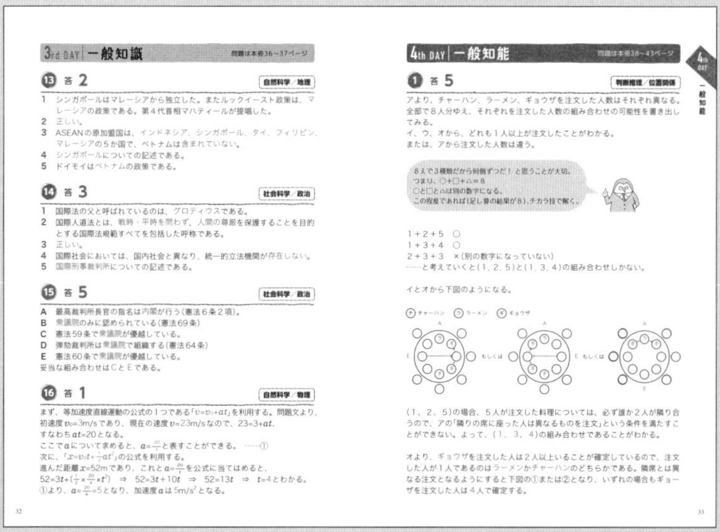
3rd DAY｜一般知識　問題は本冊36～37ページ

⑬ 答 2　自然科学／地理

1 シンガポールはマレーシアから独立した。またルックイースト政策は、マレーシアの政策である。第４代首相マハティールが提唱した。
2 正しい。
3 ASEANの原加盟国は、インドネシア、シンガポール、タイ、フィリピン、マレーシアの５か国で、ベトナムは含まれていない。
4 シンガポールについての記述である。
5 ドイモイはベトナムの政策である。

⑭ 答 3　社会科学／政治

1 国際法の父と呼ばれているのは、グロティウスである。
2 国際人道法とは、戦時・平時を問わず、人間の尊厳を保護することを目的とする国際法規範すべてを包括した呼称である。
3 正しい。
4 国際社会においては、国内社会と異なり、統一的立法機関が存在しない。
5 国際刑事裁判所についての記述である。

⑮ 答 5　社会科学／政治

A 最高裁判所長官の指名は内閣が行う(憲法６条２項)。
B 衆議院のみに認められている(憲法69条)
C 憲法59条で衆議院が優越している。
D 弾劾裁判所は衆議院で組織する(憲法64条)
E 憲法60条で衆議院が優越している。
妥当な組み合わせはＣとＥである。

⑯ 答 1　自然科学／物理

まず、等加速度直線運動の公式の１つである「$v=v_0+at$」を利用する。問題文より、初速度v_0=3m/sであり、現在の速度v=23m/sなので、23=3+at、
すなわちat=20となる。
ここでaについて求めると、$a=\frac{20}{t}$と表すことができる。……①
次に、「$x=v_0t+\frac{1}{2}at^2$」の公式を利用する。
進んだ距離x=52mであり、これと$a=\frac{20}{t}$を公式に当てはめると、
$52=3t+(\frac{1}{2}\times\frac{20}{t}\times t^2)$ ⇒ $52=3t+10t$ ⇒ $52=13t$ ⇒ $t=4$とわかる。
①より、$a=\frac{20}{4}=5$となり、加速度aは5m/s^2となる。

32

4th DAY｜一般知能　問題は本冊38～43ページ

⑪ 答 5　判断推理／位置関係

アより、チャーハン、ラーメン、ギョウザを注文した人数はそれぞれ異なる。全部で８人分ゆえ、それぞれを注文した人数の組み合わせの可能性を書き出してみる。
イ、ウ、オから、どれも１人以上が注文したことがわかる。
または、アから注文した人数は違う。

8人で３種類だから何個ずつだ！と思うことが大切。
つまり、○＋□＋△＝8
○と□と△は別の数字になる。
この程度であれば(足し算の結果が8)、チカラ技で解く。

1＋2＋5　○
1＋3＋4　○
2＋3＋3　×(別の数字になっていない)
……と考えていくと(1、2、5)と(1、3、4)の組み合わせしかない。

イとオから下図のようになる。

(1、2、5)の場合、５人が注文した料理については、必ず誰か２人が隣り合うので、アの「隣りの席に座った人は異なるものを注文」という条件を満たすことができない。よって、(1、3、4)の組み合わせであることがわかる。

オより、ギョウザを注文した人は２人以上いることが確定しているので、注文した人が１人であるのはラーメンかチャーハンのどちらかである。隣席とは異なる注文となるようにすると下図の①または②となり、いずれの場合もギョーザを注文した人は４人で確定する。

33

4th DAY 一般知能

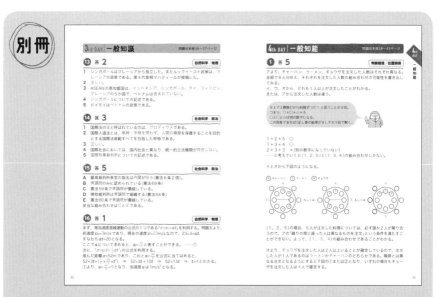

別冊には解答までのプロセスをわかりやすく解説しています。またポイントは付属の赤シートで隠せるため、繰り返し学習する際にも活用できます。

公務員試験の概要

公務員試験がどのようなスケジュールで行われるのか、どんな試験があるのかなどを、正しく把握しておきましょう。地方公務員試験は、各自治体によって受験資格や試験の詳細が異なります。各自治体のホームページなどで最新情報を確認してください。

いつ行われるの？

- 地方公務員（初級・高卒）試験はそれぞれ自治体ごとに採用試験が行われます。
- 試験は毎年９月に１次試験を行う自治体が多く、出願は６～８月頃です。
- 試験日が重ならなければ、複数の自治体を受験することも可能です。
- 出願は郵送ではなく、出願書類を持参して申し込む場合もあります。その場合は、試験の申込時に簡単な面接がある場合もあるので注意が必要です。
- 国家公務員・一般職（高卒者）は、例年９月初旬に１次試験が行われます。出願は６月頃です。

どんな試験があるの？

自治体ごとに試験を実施するため、試験内容は自治体によって異なります。一般的な試験内容は下記のとおりです。国家公務員・一般職（高卒者）もほぼ同様です。

- **第１次試験**　①教養試験（一般教養５肢択一試験）
  ②作文試験
  ③適性試験
  ④専門試験（技術職のみ。事務職はない）
- **第２次試験**　①面接試験（個別面接。集団面接があるところもある）
  ②体力テストがあるところもある

★都庁３類（高卒）試験の教養試験の場合

合計45問／２時間
- **知能分野28問**（現代文４、英文４、判断推理３、数的推理７、図形５、資料解釈５）
- **知識分野17問**（国語１、時事２、日本史２、世界史２、地理２、政治２、経済２、物理１、化学１、地学１、生物１）

教養試験は何点取れれば合格できるの？

おおよそ５～６割程度の正解率といわれています。出題数の多い知能分野でどれくらい得点できるかがポイントになります。経験者採用試験の中には３～４割の正解で合格という試験もあります。

作文試験はどんな試験？

試験は実施主体によって様ざまですが、60～90分で600～1200字程度書かせるものが多いとされます。課題として以下のようなものがあります。

課題の一例

- あなたが「カッコいい」と思うのはどのような物・人などですか（山形市役所）
- 自分が成長したと思うこと（国家一般）

適性試験はどんな試験？

速く正確に事務処理ができるかどうかをみる試験です。簡単な計算や置換・照合・分類などが課されます。国家公務員・一般職の場合、120題を15分で解答します。

経験者採用試験について

民間企業などでの一定年限の職務経験を条件にした経験者採用試験（社会人採用試験）は、国家公務員、地方公務員とも盛んに行われています。受験年齢も59歳まで可能という場合も多くなっています。

実施時期

- 例年９月以降に実施するところが多くなっています。

試験内容

- １次試験（教養試験、職務経験論文）
- ２次試験（個別面接試験）

問題にチャレンジする前にチェック！

中学数学のおさらい

教養試験の知能分野の出題科目である数的推理・判断推理では、数学の知識が必要になります。といっても、必要となるのはほんの少しですから、安心してください。「すっかり忘れてしまった」という人のために、公務員試験に必要な事項を厳選してまとめているので、おさらいしておきましょう。

1 整数・自然数

……　－3，　－2，　－1，　0　，　1　，　2　，　3　……

←負の整数　　　　正の整数→

正の整数 ＝ 自然数

2 素数・素因数分解

●**素数**……1とその数自身のほかに約数(割り切る数)がない整数

・小さい順に 2、3、5、7、11、13 ……

●**素因数分解**……整数を素数に分解する

・12を素因数分解すると　2×2×3

・20を素因数分解すると　2×2×5

●**正の整数Nの素因数分解の方法**

①Nを小さい素数から順に割る

②商が素数になるまで割り続ける

③割った素数すべてと最後の商を掛ける

（例）90を素因数分解する

$$\begin{array}{r|l} 2 & 90 \\ \hline 3 & 45 \\ \hline 3 & 15 \\ \hline & 5 \end{array}$$

$$90 = 2 \times 3 \times 3 \times 5 = 2 \times 3^2 \times 5$$

3 約数・公約数

●**約数**……ある整数Nを割り切ることのできる整数

（例）12の約数……1、2、3、4、6、12

$12 \div \square = \bigcirc$

（□：約数）

●**公約数**……２つ以上の整数に共通する約数

（例）12と18の公約数

・12の約数……1、2、3、4、6、12

・18の約数……1、2、3、6、9、18

} 1、2、3、6は公約数

4 倍数・公倍数

●**倍数**……ある数ａを整数倍した数

（例）3の倍数……3、6、9、12、15……

（3×1　3×2　3×3　3×4　3×5）

●**公倍数**……２つ以上の整数に共通する倍数

（例）4と6の公倍数……下記のとおり12、24、36……

・4の倍数……4、8、12、16、20、24、28、32、36……

・6の倍数……6、12、18、24、30、36、42、48、54……

最小公倍数……12　　12×2　　12×3

公倍数のうち最も小さい数を最小公倍数という

公倍数は最小公倍数の倍数となる

公倍数の考え方は
よく使うので
覚えよう！

●**最小公倍数の求め方**……２つの整数を共通して割り切る素数で割っていき、共通して割り切れる数がなくなったら、外側の数を全部掛ける

（例）24と36の最小公倍数

2）	24	36
2）	12	18
3）	6	9
	2	3

$2 \times 2 \times 3 \times 2 \times 3 = 72$（最小公倍数）

5 四則計算

●**足し算・引き算**

・$-4+(-8)=-4-8=-12$

・$13-(+9)=13-9=4$

カッコの前後の符号が異なる場合はカッコをはずすと「−」

・$15-(-12)=15+12=27$

カッコの前後の符号が同じ場合はカッコをはずすと「＋」

●**掛け算**

・$4\times(-5)=-20$

・$(-4)\times(-5)=20$

掛け算のプラス・マイナス

$(+)\times(+)=(+)$　　$(+)\times(-)=(-)$

$(-)\times(-)=(+)$　　$(-)\times(+)=(-)$

●**割り算**

・$36\div(-3)=-12$

・$-36\div(-3)=12$

割り算のプラス・マイナス

$(+)\div(+)=(+)$　　$(+)\div(-)=(-)$

$(-)\div(-)=(+)$　　$(-)\div(+)=(-)$

●**計算の優先順位**

・$3+2\times5=3+10=13$

・$21-7\div7=21-1=20$

足し算・引き算より掛け算・割り算を優先して計算する

●**カッコの計算**

・$2(x+3)=2x+6$

・$-2(x+3)=-2x-6$

カッコの外の数字をカッコの中の数字すべてに掛ける

$2(x+3)=2x+2\times3=2x+6$

●**分数の計算**

・$\frac{1}{3}+\frac{2}{5}=\frac{1}{3}\times\frac{5}{5}+\frac{2}{5}\times\frac{3}{3}=\frac{5}{15}+\frac{6}{15}=\frac{11}{15}$

足し算・引き算は分母を通分する

・$\frac{2}{3}\times\frac{4}{7}=\frac{2\times4}{3\times7}=\frac{8}{21}$　分数の掛け算は
分母どうし、分子どうしで掛ける

・$\frac{7}{11}\div\frac{3}{5}=\frac{7}{11}\times\frac{5}{3}=\frac{35}{33}$　分数の割り算は「÷」の後ろの分数を
上下逆にして掛け算する

6 方程式

（1）
$7x-5=5x+3$
$7x-5x=3+5$ …… 文字の項を左辺に、
数の項を右辺に移項する
$2x=8$
$x=4$

（2）
$3(7x+4)=8(2x+9)$
$3\times7x+3\times4=8\times2x+8\times9$ …… まずカッコをはずす
$21x+12=16x+72$
$21x-16x=72-12$ …… 次に、移項して整理する
$5x=60$
$x=12$

7 連立方程式

$\begin{cases} x+y=5 & \cdots\cdots① \\ 2x+3y=13 & \cdots\cdots② \end{cases}$

両式のx（もしくはy）の係数をそろえて、
x（もしくはy）を消去し、
y（もしくはx）についての方程式を解く

①式を２倍にする
$2\times(x+y)=2\times5$
$2x+2y=10$ ……①'

①'－②
$2x+2y=10$ ……①'
$-)\ 2x+3y=13$ ……②
$-y=-3$
よって、$y=3$

これを①式に代入すると
$x+3=5$
$x=5-3$
$x=2$

CONTENTS

第2章 総まとめ 知能編

第3章 総まとめ　知識編

編集協力：有限会社ヴュー企画
本文デザイン・DTP：小幡ノリユキ
本文イラスト：村山宇希

第1章
7日間完成テスト

1st DAY

一般知能

制限時間
40分

解答・解説は別冊2～9ページ

1 Check □□

あるショッピングセンターの駐輪場で200台の自転車を調べたところ、次のことがわかった。なお、自転車の種類と色は、それぞれ3通りに分類されるものとする。

ア　自転車の種類と台数は、スポーティ車が72台、子供車が40台、シティ車が88台であった。
イ　白色の自転車の台数は90台、青色の自転車の台数は64台であった。
ウ　青色の子供車の台数は10台、青色のシティ車の台数は30台であった。
エ　白色でも青色でもない子供車の台数は、白色の子供車の台数の4倍であり、白色でも青色でもないシティ車の台数より10台多かった。

以上から判断して、白色のシティ車の台数として、正しいのはどれか。

1　36台
2　38台
3　40台
4　42台
5　44台

2 Check □□

誕生日が同じで年齢の異なるＡ～Ｆの６人について、生まれた年を調べたところ、次のことがわかった。

ア　ＡとＣの年齢差は12歳である。
イ　ＢはＡより３歳年上である。
ウ　ＣとＥの年齢差は５歳である。
エ　Ｄが生まれたのは1980年であり、その次に生まれた人は1990年に生まれた。
オ　ＦはＥの15年後に生まれた。
カ　６人のうち最も若い人は2015年に生まれた。

以上から判断して、2000年に生まれた人として、正しいのはどれか。なお、６人の誕生日は２月29日ではないものとする。

1　Ａ　　**2**　Ｂ　　**3**　Ｃ　　**4**　Ｅ　　**5**　Ｆ

3 Check □□

１～７の数字が１つずつ書かれた７枚のカードがある。これらのカードから５枚選んで５桁の整数を作るとき、５桁の整数が40000より大きい奇数となる組み合わせは全部で何通りあるか。

1　600通り　　**2**　660通り　　**3**　720通り
4　780通り　　**5**　840通り

4 Check □□

袋の中に、赤色２個、青色３個、白色４個の計９個のボールが入っている。この袋から無作為に４個のボールを同時にとり出すとき、とり出した４個のうち、赤色及び青色のボールがそれぞれ１個以上含まれる確率として、正しいのはどれか。

1　$\frac{38}{63}$　　**2**　$\frac{11}{18}$　　**3**　$\frac{13}{21}$　　**4**　$\frac{40}{63}$　　**5**　$\frac{9}{14}$

次ページへ続く

5 Check □□

ある会社の社員について、好きな球技を調べたところ、次のことがわかった。

ア 野球の好きな社員は、テニスが好きである。
イ サッカーが好きな社員は、野球が好きでない。
ウ テニスが好きでない社員は、サッカーが好きでない。
エ ゴルフは好きな社員は、サッカーが好きである。

以上から判断して、確実にいえるのはどれか。

1 野球が好きな社員は、サッカーが好きである。
2 野球が好きな社員は、ゴルフが好きである。
3 サッカーが好きな社員は、ゴルフが好きである。
4 テニスが好きな社員は、野球が好きである。
5 ゴルフが好きな社員は、テニスが好きである。

6 Check □□

午前0時と正午に短針と長針が時計の文字盤の12の位置で正確に重なり、かつ、針が滑らかに回転し、誤差なく動いているアナログ式の時計がある。この時計の針が9時ちょうどを指した後、最初に短針と長針のなす角度が145度になる時刻として、正しいのはどれか。ただし、長針、短針とも針の太さは無視する。

1 9時8分
2 9時9分
3 9時10分
4 9時11分
5 9時12分

7 Check □□

ケーキ100個を、仕入価格の２割増しとした販売価格で売っていたところ、一部が閉店間際まで売れ残っていたため、当初の販売価格から２割引にして残りのすべてを売り切った。最終的な利益がケーキ100個の仕入価格の15.2%であったとき、当初の販売価格から２割引にして売った個数として、正しいのはどれか。ただし、消費税及び経費は考慮しない。

1　20個　　**2**　22個　　**3**　24個
4　26個　　**5**　28個

8 Check □□

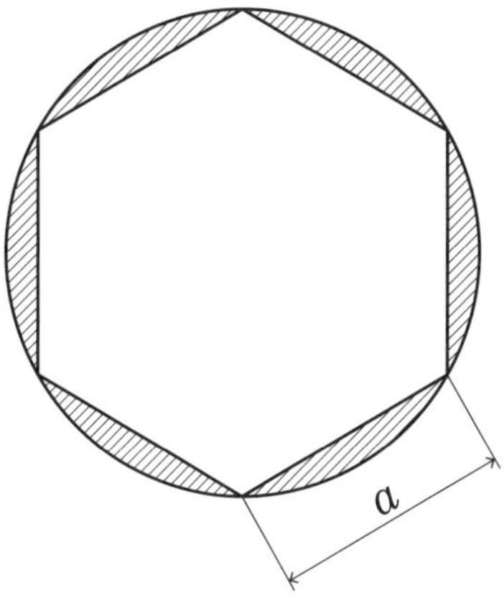

左の図のように、１辺の長さaの正六角形に円が外接しているとき、斜線部分の面積として、正しいのはどれか。ただし、円周率はπとする。

1　$(\pi-3)a^2$　　**2**　$(\pi-\frac{3\sqrt{3}}{2})a^2$

3　$(\pi-\frac{3\sqrt{2}}{2})a^2$　　**4**　$(\pi-2)a^2$

5　$(\pi-\frac{3}{2})a^2$

次ページへ続く

9 Check □□

次の文の主旨として、最も妥当なものはどれか。

死というような哲学じみた問題は、僕らの口を出すべきものでもないし、また出したところで何らの権威にもなるまい。が、ただ死というものは人間として誰でも免るべからざる事柄であり、かつまた考えまいと思っても必ず我々の心を襲うて来る事柄であるから、哲学者でなくても、何人でも、死については何かの思想は持っているものである。しかし一般にいえば死なる現象をいくらかもてあそぶという嫌いもなきにしもあらずと思う。殆んどふざけ半分に死を論ずるというものもある。しかしこの死に対する観念態度のいかんは即ち凡俗と聖賢とを区別する標準じゃないかと思う。死を怖れるというと語弊があるが、また死を軽んずるといえばよく聞えるけれども、軽んじ方によっては甚だ愚の極であって、日本人は死することを何とも思わぬというは、褒めれば褒めるようなものの、生の責任を知らぬものと批難さるるのも無理ならぬことと思う。

死の価値を定むるものは生であると思う。しかして生の価値を定むるものは義務である。死を軽んずるということは義務を軽んずるという事になると僕は思うている。己れの為すべき事を為して天にも地にも愧じない人は、死を見ること帰るが如くなりべきで、これは古来の聖人君子の死方を観てもよく分る。これに反して己れの為すべき事をも為さずして死を怖れぬという。その辺の熊だの八だのと択ぶところがない。こういう風に死を軽んずるという事は決して褒むるに足らぬと思う。

（新渡戸稲造「『死』の問題に対して」による）

1 どんな人であっても、死というものに対して何らかの思想は持っているものだ。
2 死という現象をもてあそぶことは決して許されることではない。
3 日本人は死について何とも思わないということは、生の責任を知らないものと批難されても無理はない。
4 古来の聖人君子の死方を見てもわかるように、死を軽んずるということは義務を軽んずるということになる。
5 死の価値を定めるものは生であり、生の価値を定めるものは義務であるから、死を軽んずるべきではない。

10 次の英文の内容と一致するものはどれか。

Check □□

In all advanced countries, as labor costs have risen, the number of workers who have immigrated into these countries in search of a better life has dramatically increased. Studies in the United States have shown that where there are many immigrants working as laborers, domestic workers move to jobs that involve communication skills, such as salespeople. However many economists say that immigration is beneficial both for foreign and domestic workers, it is difficult for ordinary people to believe that.

1 より良い生活を求めて先進国への移民が増加することにより、先進国における人件費が上昇する。
2 移民が労働者として多く働いている国々では、国内労働者はコミュニケーションスキルを要する職から外される傾向がある。
3 先進国に移住する移民が激増したことにより、先進国の国内では数多くの問題が生じている。
4 多くの経済学者は移民が外国人労働者、国内労働者の双方に有益であると述べている。
5 より良い生活を求めて先進国へ移住する移民は僅かに増加した。

1st DAY

一般知識

制限時間 10分

解答・解説は別冊10ページ

11 Check □□

奈良時代から平安時代にかけての日本における仏教に関する記述として、妥当なものはどれか。

1 天武天皇と持統天皇は、仏教の力で、伝染病や災害などの不安から国家を守ろうと考え、平城京に国分寺を、国ごとに国分尼寺を建てた。

2 奈良時代に唐から招かれた僧の行基は、東大寺の建設に反対し、人々と共に橋や用水路を造る活動を行った。

3 平安時代の初め、遣唐使と共に唐に渡った最澄は、帰国後、日本に天台宗を伝え、比叡山に延暦寺を建てた。

4 平安時代の初め、遣唐使と共に唐に渡った日蓮は、唐で密教を学び、帰国後、禅宗を開いて高野山に円覚寺を建てた。

5 11世紀半ばには、仏教の力が衰える末法の時代がくるという思想が広まり、道元は、踊りながら念仏を唱えれば救済されると説いて布教し、時宗を開いた。

12 Check □□

1960年代から1980年代にかけての日本経済に関する記述として、妥当なのはどれか。

1 1960年に成立した三木武夫内閣が「日本列島改造論」を掲げて高度経済成長政策を推進したことが刺激となって、企業の技術革新や設備投資が進んだ。

2 1960年代に実質経済成長率は年平均約5％に達し、1964年には、国際通貨基金と経済協力開発機構から脱退することができた。

3 1964年に東京オリンピックが開催された後、鉄道の旅客輸送力強化の必要が訴えられ、東海道新幹線の建設が始まり、1969年に開業した。

4 1970年代の日本経済は、1973年の固定為替相場制への移行、金融機関の不良債権問題による打撃を受け、翌年には第二次世界大戦後2回目のマイナス成長となった。

5 1980年代の日本経済は、1985年のプラザ合意の影響で一時的な円高不況に陥ったが、その後は、低金利政策によりバブル経済と呼ばれる状態になった。

13 日本の内閣に関する記述として、妥当なのはどれか。

Check □□

1 内閣は、内閣総理大臣及びその他の国務大臣によって構成され、内閣総理大臣及びその他の国務大臣は文民でなければならない。
2 内閣総理大臣は国務大臣を任命するが、国務大臣のうち過半数は衆議院議員でなければならない。
3 内閣総理大臣は条約を締結することができるが、事前に国会の承認を経る必要がある。
4 内閣は恩赦を国会に提案することができ、内閣の提案に基づき国会は恩赦を決定することができる。
5 内閣は、最高裁判所の長官、最高裁判所の長官以外の裁判官及び下級裁判所の裁判官を指名する。

14 ヒトの免疫に関する次の文章の空欄に当てはまる語句の組み合わせとして、妥当なのはどれか。

Check □□

免疫がはたらく必要のないような物質に対して、過敏に免疫がはたらいてしまうことによって、じんましん、ぜんそく、くしゃみ、鼻水、かゆみなどの症状が現れることを［ア］という。花粉症も［ア］の1つである。［ア］の原因となる［イ］を［ウ］という。［ア］は、マスト細胞が［エ］を放出することなどで起こる。

	ア	イ	ウ	エ
1	アレルギー	抗原	アレルゲン	ヒスタミン
2	アレルギー	抗原	アレルゲン	IgE
3	アレルギー	抗体	アレルゲン	ヒスタミン
4	アレルゲン	抗原	アレルギー	IgE
5	アレルゲン	抗体	アレルギー	IgE

2nd DAY 一般知能

制限時間 50分

解答・解説は別冊11〜19ページ

1 Check □□

A〜Hの８チームが、次の図のようなトーナメント戦でホッケーの試合を行った。今、次の**ア〜カ**のことがわかっているとき、優勝と準優勝したチームの組み合わせはどれか。ただし、引き分けた試合はなかった。

ア　優勝チームの３試合の得点を合計すると、失点の合計よりも５点多かった。
イ　AはBに５対３で勝った。
ウ　CはHと対戦しなかった。
エ　DはCに３対２で負けた。
オ　EはFに８対３で勝った。
カ　Hは２回戦に５対１で勝った。

	優勝	準優勝
1	A	B
2	A	H
3	C	H
4	E	H
5	H	A

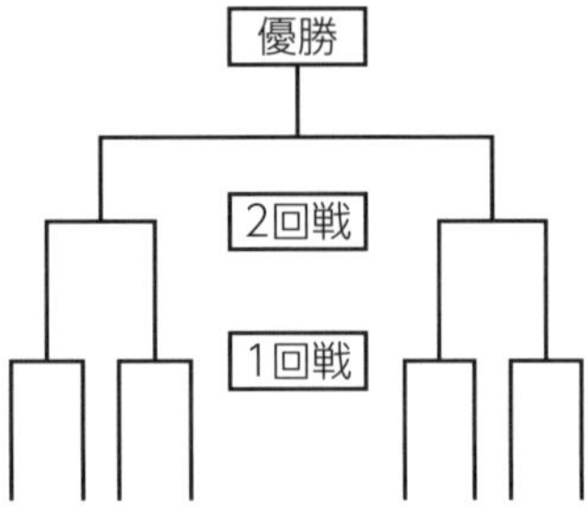

2 Check □□

ある暗号で「すずめ」が「080601061422」、「むくどり」が「1406160623120918」で表されるとき、同じ暗号の法則で「1626042608221418」と表されるのはどれか。

1　「あかはら」
2　「うぐいす」
3　「かわせみ」
4　「きじばと」
5　「やまげら」

3 Check □□

A～Gの７人が空港で待ち合わせをした。今、空港に到着した順番について、次の**ア～エ**のことがわかっているとき、確実にいえるのはどれか。ただし、同時到着はなかった。

ア　Aは、Eの次に到着した。
イ　Bは、Gより前に到着し、BとGとの間には、１人が到着した。
ウ　Aは、4～6番目、Gは、5～7番目のいずれかに到着した。
エ　FとCは、Bより前に到着した。

1　Bは4番目に到着した。
2　Cは最初に到着した。
3　Dは6番目に到着した。
4　Fは2番目に到着した。
5　Gは5番目に到着した。

4 Check □□

ある職場の４つのお菓子の好みについて、次の**ア～エ**のことがわかっているとき、確実にいえるのはどれか。

ア　チョコレートが好きな人の中には、クッキーが好きな人もいる。
イ　クッキーが好きな人の中には、せんべいが好きな人もいる。
ウ　せんべいが好きな人は、チョコレートが好きではない。
エ　クッキーが好きな人は、あめが好きである。

1　クッキーが好きな人は、せんべいが好きである。
2　クッキーが好きな人は、チョコレートが好きである。
3　あめが好きな人は、４つのお菓子がいずれも好きである。
4　あめだけが好きな人もいる。
5　せんべいが好きな人の中には、あめが好きな人もいる。

次ページへ続く

5

Check

□□

A～Eの５人が数学の試験を受けた結果について、次の**ア**～**オ**のことがわかっているとき、３番目に点数が高かった人として有り得るものを選んだ組み合わせはどれか。

ア　AとBとの点数差は、５点であった。
イ　BとCとの点数差は、２点であった。
ウ　CとDとの点数差は、４点であった。
エ　DとEとの点数差は、５点であった。
オ　EとAとの点数差は、２点であった。

1　A　B
2　A　E
3　B　C
4　C　D
5　D　E

6

Check

□□

連続する６つの自然数があり、それぞれの２乗の和が2299である。６つの自然数の和はどれか。

1　105
2　111
3　117
4　123
5　129

7

Check □□

A～Dの４人が、同じ地点から出発し、同じ道を通ってＸ町に出かけた。今、次の**ア～エ**のことがわかっているとき、ＤがＡに追いついた時刻はどれか。ただし、４人の進む速さは、それぞれ一定とする。

ア　Ａは、午前９時に出発した。
イ　Ｂは、Ｃよりも10分早く出発したが、40分後にＣに追いつかれた。
ウ　Ｃは、Ａより20分遅れで出発し、10分後にＡに追いついた。
エ　Ｄは、Ｂより４分遅れで出発し、12分後にＢに追いついた。

1　９時21分
2　９時24分
3　９時27分
4　９時30分
5　９時33分

8

Check □□

ある箱の中に、同じ大きさの赤色の球６個、白色の球６個、黄色の球４個が入っている。今、この箱の中から無作為に３個の球をとり出すとき、すべて同じ色になる確率はどれか。

1　$\frac{11}{140}$　**2**　$\frac{3}{35}$　**3**　$\frac{13}{140}$　**4**　$\frac{1}{10}$　**5**　$\frac{3}{28}$

次ページへ続く

9 Check □□

次の図Ⅰのような展開図の立方体がある。この立方体を図Ⅱのように置いた後、A、B、C、Dの順に滑ることなくマス目の上を90°ずつ転がしていったとき、C及びDの位置で立方体の上面となる文字の組み合わせはどれか。

図Ⅰ

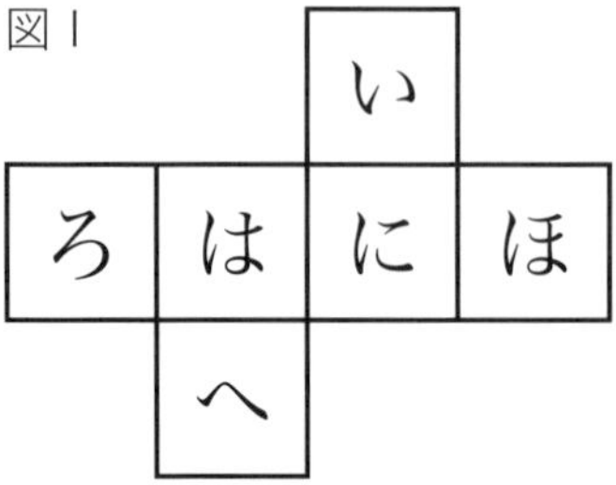

図Ⅱ

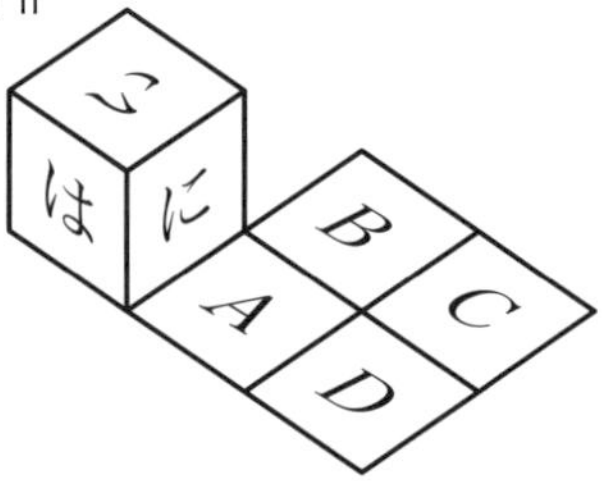

	Cの位置	Dの位置
1	い	は
2	い	に
3	へ	ろ
4	へ	は
5	へ	に

10 Check □□

次の図のように、1辺が10cmの正三角形ABCがあり、内部に任意の点Pがある。点Pから3辺に下ろした垂線と辺との交点をそれぞれX、Y、Zとしたとき、XP、YP、ZPの長さの合計はどれか。

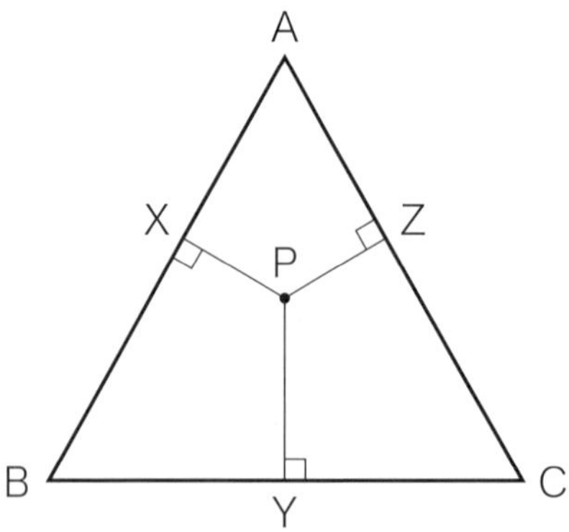

1 8cm
2 $5\sqrt{3}$ cm
3 9cm
4 10cm
5 $6\sqrt{3}$ cm

11 次の表から確実にいえるのはどれか。

Check □□

海難船舶の救助状況の推移　　　（単位　隻）

区分	平成22年	平成23年	平成24年	平成25年	平成26年
自力入港	880	690	667	725	692
全損又は行方不明	181	299	211	208	206
海上保安庁以外の救助	803	1,009	784	806	737
海上保安庁救助	531	510	572	546	503

1　平成25年において、「海上保安庁以外の救助」の隻数の対前年増加率は、「自力入港」の隻数のそれより大きい。

2　平成26年において、「海上保安庁救助」の隻数の対前年減少数は、「海上保安庁以外の救助」の隻数のそれを上回っている。

3　表中の各年とも、「自力入港」の隻数は、「全損又は行方不明」の隻数の３倍を上回っている。

4　平成22年の「海上保安庁救助」の隻数を100としたときの平成24年のそれの指数は、110を上回っている。

5　平成22年から平成26年までの５年の「自力入港」の隻数の１年あたりの平均は、725隻を上回っている。

2nd DAY 一般知識

制限時間 10分

解答・解説は別冊20ページ

⑫ 中国の国民革命に関する記述として、妥当なのはどれか。

Check □□

1 陳独秀は、1919年に中華革命党を改組して、中国国民党を組織し、1921年に広州に新政府を建てた。

2 中国国民党第1回党大会では、連ソ、容共、扶助工農の方針が決定されたが、共産党員の国民党への個人入党は許されなかった。

3 孫文の死の直後、上海の日本人経営の紡績工場での労働争議をきっかけに、反帝国主義運動として五・四運動が起こった。

4 蔣介石は、1927年に上海でクーデタを起こして共産党を弾圧し、南京に国民政府を建てた。

5 張学良は、北伐軍に敗れて奉天に戻る途中、日本軍によって列車を爆破されて殺害された。

⑬ 国際連合に関する記述として、妥当なのはどれか。

Check □□

1 国際連合は、第二次世界大戦後、アメリカのウィルソン大統領の提唱に基づいて創設され、ニューヨークに本部をおいている。

2 国連総会は、全加盟国で構成され、国際社会の様々な問題を討議し、加盟国に勧告することができるが、表決は全会一致で行われる。

3 安全保障理事会は、国際の平和と安全の維持に主要な責任を負い、当該理事会の決定は国連加盟国に対して拘束力を持つ。

4 経済社会理事会は、信託統治地域の施政を監督するが、信託統治地域がすべて独立したため、現在は活動を停止している。

5 国連平和維持活動（ＰＫＯ）は、国連憲章に明文で規定された活動で、紛争当事国の同意があった場合に、兵力の引き離しや選挙の監視を行う。

14 Check □□

国民所得に関する記述として、妥当なのはどれか。

1 国民総所得は、家事労働や余暇をプラス要因、環境悪化に伴う損失をマイナス要因として国民所得に加減したものである。
2 国民所得は、生産、分配、支出の３面から捉えることができ、それぞれ生産国民所得、分配国民所得、支出国民所得と呼ばれ、これらは、捉える局面が異なるだけで、金額的には等しい。
3 国民総生産は、１年間に１国全体でどれぐらいの生産が行われたかを示す指標であり、国富と呼ばれている。
4 国内総生産は、１年間に生産された総生産額から中間生産物の額を引いた最終生産物の額に海外からの純所得を加えたものである。
5 国民純生産は、国民総生産から固定資本減耗を引いた値であり、市場価格で表示されるため、間接税分だけ小さく表示され、政府の補助金分だけ大きく表示される。

15 Check □□

次の文は、金属のイオン化傾向に関する記述であるが、文中の空所Ａ～Ｃに該当する語の組み合わせとして、妥当なのはどれか。

金属のイオン化傾向とは、金属の単体が水溶液中で、［　A　］イオンになろうとする性質をいい、イオン化傾向の大きい金属ほど［　B　］されやすい。金属イオンを含む水溶液に、その金属よりもイオン化傾向の［　C　］金属を浸すと、金属イオンが析出し、金属樹ができる。

	A	B	C
1	陽	酸化	大きい
2	陽	還元	小さい
3	陰	還元	大きい
4	陰	酸化	小さい
5	陰	酸化	大きい

3rd DAY 一般知能

制限時間 50分

解答・解説は別冊21～31ページ

1 Check □□

Ａ～Ｆの６人の子どもが徒競走をした。今、徒競走の結果について、次の**ア～エ**のことがわかっているとき、確実にいえるのはどれか。

ア　ＡはＤより早かった。
イ　Ｂはゴール直前で２人を追い越した。
ウ　Ｃの４人あとにＥがゴールした。
エ　Ｅの３人まえにＤがゴールした。

1　Ａは３位である。
2　Ｂは１位である。
3　Ｃは４位である。
4　Ｄは２位である。
5　Ｅは６位である。

2 Check □□

Ａ～Ｄの４人の生徒に、国語、数学、英語、体育、美術について、得意な教科、不得意な教科について聞いたところ、Ａ～Ｄの４人とも、得意な教科は３つ、不得意な教科は２つであった。今、次の**ア～オ**のことがわかっているとき、確実にいえるのはどれか。

ア　Ａは、得意な教科のうち２つだけはＣと同じ国語と英語で、美術が不得意な教科である。
イ　Ｂは、数学と体育が得意な教科で、国語が不得意な教科である。
ウ　Ｃは、得意な教科のうち２つだけはＢと同じであり、美術が不得意な教科である。
エ　Ｄは、英語と体育が得意な教科であり、数学が不得意な教科である。
オ　全員が得意な教科と、１人だけが得意な教科は、それぞれ１つずつある。

1　国語が得意な生徒は、３人である。
2　数学が得意な生徒は、１人である。
3　英語が得意な生徒は、４人である。

4　体育が得意な生徒は、４人である。
5　美術が得意な生徒は、２人である。

3 Check □□

Ａ～Ｄの４人は、それぞれ２か国に出張した。今、この４人の間で次の**ア**～**カ**のことがわかっているとき、Ｃの出張先はどれか。ただし、Ａ～Ｄが訪れた出張先は、インド、オランダ、カナダ、韓国、中国、ドイツ、ブラジル、メキシコの８か国で、出張先の重複はなかったものとする。

ア　Ｂは、ブラジルに出張した人からおみやげをもらった。
イ　ブラジルに出張した人は、中国に出張した人からおみやげをもらった。
ウ　Ｂは、出張に出発する際、カナダに出張した人、メキシコに出張した人、中国に出張した人の３人と食事をした。
エ　オランダに出張した人は、カナダに出張した人とブラジルに出張した人の２人から出張先に電子メールをもらった。
オ　Ｄは出張先から、オランダに出張した人とブラジルに出張した人の２人に国際電話をかけた。
カ　Ｂ、Ｃ、インドに出張した人、オランダに出張した人の４人は、互いに出張先の報告書を見せ合った。

1　カナダと韓国
2　カナダとブラジル
3　韓国と中国
4　中国とドイツ
5　ブラジルとメキシコ

4 Check □□

ある暗号で「頭」が「月月水火金水」、「荷物」が「木月金日水木」で表されるとき、同じ暗号の法則で「火日月土月火」と表されるのはどれか。

1　「景色」　　**2**　「世界」　　**3**　「一人」
4　「本音」　　**5**　「余裕」

次ページへ続く

5

Check □□

次の図のように、円周を８等分する点Ａ～Ｈがある。弦ＡＦと弦ＥＧの交点をＩとするとき、∠ＡＩＥの大きさはどれか。

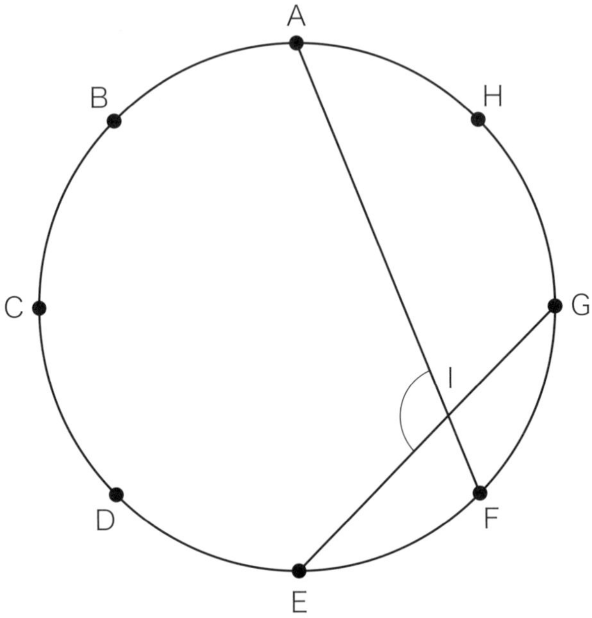

1　110°　　**2**　112.5°　　**3**　115°
4　117.5°　　**5**　120°

6

Check □□

ある自然数Ａ、Ｂは、最大公約数が10、最小公倍数が7140で、ＡはＢより130大きい。自然数ＡとＢの和はどれか。

1　420
2　550
3　680
4　810
5　940

7 Check □□

線路に並行する道路を１台の自転車が時速20kmで走っている。この自転車が上りの電車に６分ごとに抜かれ、下りの電車とは３分ごとにすれ違うとき、この電車の速さはどれか。ただし、電車は、同じ間隔、同じ速度で運行している。

1　時速50km
2　時速55km
3　時速60km
4　時速65km
5　時速70km

8 Check □□

ある浴槽を満水にするために、ＡとＢの２つの水栓から給水すると48分かかり、ＡとＣの２つの水栓から給水すると36分かかる。今、Ｂの給水量が毎分12Ｌ、Ｃの給水量が毎分18Ｌであるとき、この浴槽の容量はどれか。

1　864Ｌ
2　936Ｌ
3　1008Ｌ
4　1080Ｌ
5　1152Ｌ

次ページへ続く

9 Check □□

次の図のように、正方形の紙を点線に従って３回折り、斜線部を切り落として、残りの部分をもとのように開いたときにできる図形はどれか。

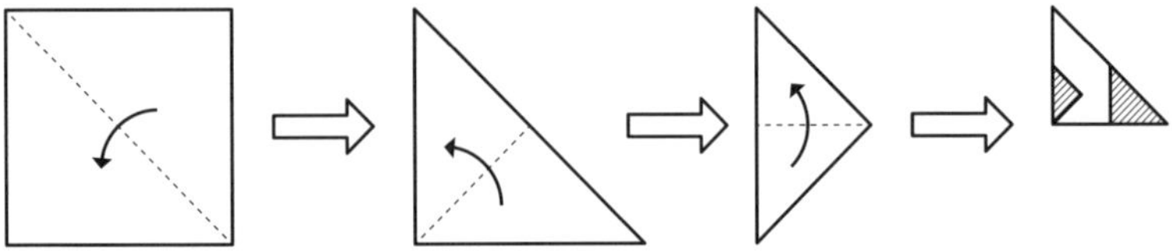

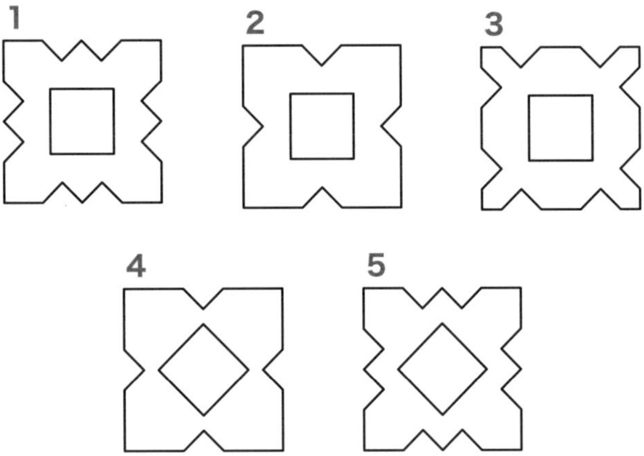

10 Check □□

次の図のように3本の直線によって分割された円がある。今、さらに7本の直線を加えてこの円を分割したとき、円は最大でいくつの領域に分割されるか。

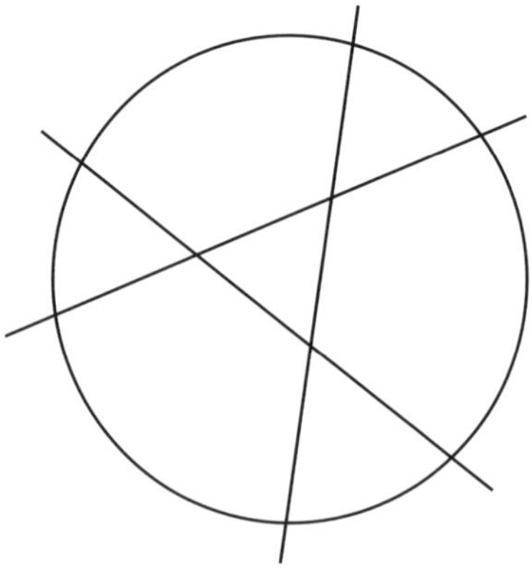

1 56　**2** 57　**3** 58　**4** 59　**5** 60

11 Check □□

次のことわざ、または慣用句の組み合わせ**A**～**D**のうち、双方の空所に入る漢字が同じものを選んだ組み合わせとして、妥当なのはどれか。

A　自□自賛　――――　□田引水
B　一視同□　――――　巧言令色鮮(すくな)し□
C　好事□多し　――――　快刀乱□を断つ
D　後□の憂い　――――　三□の礼

1　A　B
2　A　C
3　A　D
4　B　C
5　B　D

12 Check □□

次の英文の内容と一致するものはどれか。

A large amount of uneaten food is thrown away around the world. This is called food loss. The causes of food loss are numerous and happen at the stages of producing, processing, retailing and consuming. Global food loss amounts to between one-third and one-half of all food produced. In developing countries, most food loss happens during production, while much food-about 100 kilograms per person per year is wasted at the consumption stage in developed countries.

1　先進国では１人あたり毎年100キロもの食料を廃棄している。
2　日本では生産された食物の３分の１から、２分の１が廃棄されている。
3　発展途上国では消費の段階において最も食料廃棄が生じている。
4　フードロスとは、凶作により収穫されなかった食料を意味する。
5　食料廃棄は３つの段階において生じる。

3rd DAY

一般知識

解答・解説は別冊32ページ

13 東南アジアの国に関する記述として、妥当なのはどれか。

Check □□

1 シンガポールは、1965年にインドネシアから分離独立し、ルックイースト政策を進め、工業化に成功した。

2 マレーシアは、経済面で優位に立つ華人とマレー系国民との間に対立が起きたため、教育や就職の面でマレー系国民を優遇するブミプトラ政策をとってきた。

3 ベトナムは、東南アジア諸国連合（ＡＳＥＡＮ）発足当初の原加盟国であり、首都圏に工業団地を設定し、企業に税制上の優遇措置をとって誘致を図ってきた。

4 フィリピンは、ＡＳＥＡＮの中でもいち早く工業化を達成して、現在では多国籍企業の地域統括会社が集中するようになり、国際金融センターへと成長した。

5 タイは、1986年からドイモイと呼ばれる市場開放政策をとるようになり、日本をはじめ外国からの投資が拡大した。

14 国際法に関する記述として、妥当なのはどれか。

Check □□

1 モンテスキューは、国際社会にも法が存在することを説き、国際法の基礎を確立し、国際法の父と呼ばれた。

2 国際法は、適用時に着目して国際人道法と平時国際法に分類され、国際人道法は通常の状態に適用されるもので、国家領域について定めている。

3 国際慣習法は、永年の国家間の慣行によって形成され、法として認められたものをいい、不文法である。

4 すべての国際法は、統一的な立法機関である国際連合が解釈、運用し、それらを強制的に執行する。

5 国際司法裁判所は、集団殺害罪、戦争犯罪など重大な罪を犯した個人を裁く常設の裁判所である。

15

Check □□

次の**A**〜**E**のうち、日本国憲法に規定する衆議院の優越に該当するものを選んだ組み合わせとして、妥当なのはどれか。

A　最高裁判所長官の指名
B　内閣不信任決議権
C　法律案の議決
D　裁判官の弾劾
E　予算案の決議

1　A　C
2　A　D
3　B　D
4　B　E
5　C　E

16

Check □□

自動車が東向きに速さ3m/sで直進している。今、この自動車が東向きに一定の加速度で速さを増し、速さ23m/sになるまでに進んだ距離が52mであったとき、自動車の加速度として、妥当なのはどれか。

1　$5\,m/s^2$
2　$6\,m/s^2$
3　$7\,m/s^2$
4　$8\,m/s^2$
5　$9\,m/s^2$

4th DAY 一般知能

制限時間 50分

解答・解説は別冊33～41ページ

1 Check □□

次の図のような席に座ったA～Hの８人が、それぞれ、チャーハン、ラーメン、ギョウザの中から１つずつ注文した。今、次の**ア**～**オ**のことがわかっているとき、確実にいえるのはどれか。

ア　チャーハン、ラーメン、ギョウザを注文した人の数はそれぞれ異なっており、隣の席に座った人は異なるものを注文した。
イ　Aはラーメンを注文し、Aの正面に座った人はチャーハンを注文した。
ウ　Bはチャーハンを注文し、BとCとの間には２人が座っている。
エ　Dが注文したものと、Dの正面に座った人が注文したものとは異なっていた。
オ　Eの正面に座った人の両隣の席に座った人は、ギョウザを注文した。

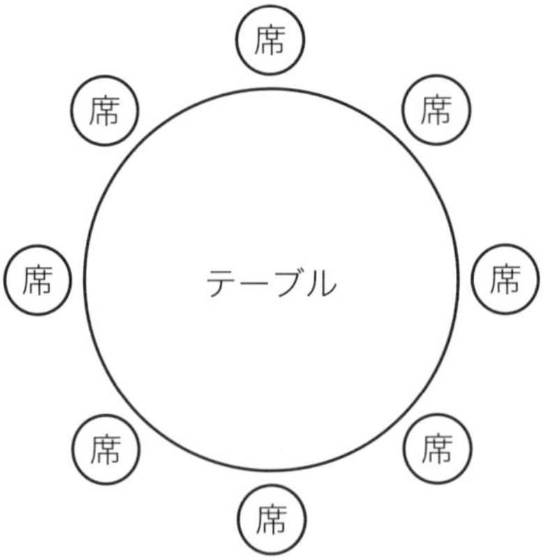

1　Aの隣の席にBが座っている。
2　Bの隣の席にGが座っている。
3　Cが注文した食べ物は、チャーハンである。
4　Gが注文した食べ物は、ラーメンである。
5　Hが注文した食べ物は、ギョウザである。

2 Check □□

A～Eの5人が、A、B、C、D、Eの順で一直線上に並んでいる。今、次の**ア～オ**のことがわかっているとき、AとCが向いている方角の組み合わせはどれか。ただし、A～Eは東、西、南または北のいずれかの方角を向いているものとする。

ア　Aは、Eと反対の方角を向いており、Aから見てAの正面及び左側には、誰もいない。
イ　Bは、Dと同じ方角を向いており、Bから見てBの左側には、Cがいる。
ウ　Cの正面には、Dがいる。
エ　Dは、西の方角を向いている。
オ　Eから見てEの右側には、誰もいない。

	A	C
1	南	南
2	南	北
3	北	東
4	北	南
5	北	北

3 Check □□

次の図のように、1辺が12cmの正方形が2つある。今、2つの正方形を重ねてできた斜線部の正方形とそれ以外の部分の面積が等しくなったとき、斜線部の正方形の1辺の長さはどれか。

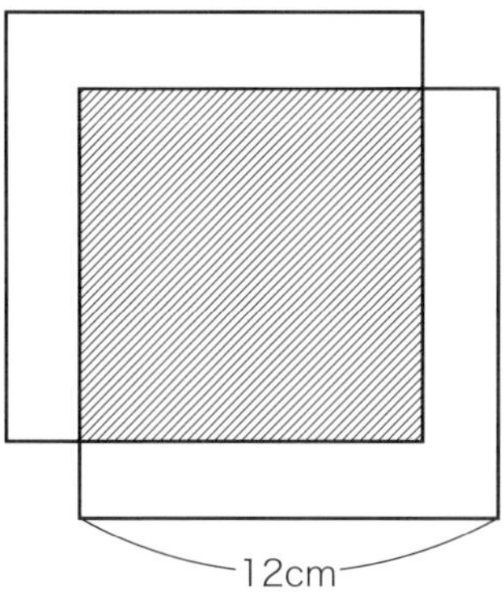

1　$6\sqrt{2}$ cm
2　$4\sqrt{5}$ cm
3　9cm
4　$4\sqrt{6}$ cm
5　$6\sqrt{3}$ cm

次ページへ続く

4 Check □□

燃料をタンク容量まで満たした自動車がある。１日目はタンク容量の半分より15ℓ多く燃料を消費し、２日目は１日目に消費していない燃料の半分より10ℓ多く消費して運転したところ、残りの燃料は５ℓとなった。この自動車の燃料のタンク容量はどれか。

1　70ℓ
2　75ℓ
3　80ℓ
4　85ℓ
5　90ℓ

5 Check □□

Ａは１月から毎月決まった額のお小遣いをもらい、貯金と合わせて計画的に使うことにした。毎月5,000円の買い物をすると同じ年の12月にちょうど使い切る予定だったが、毎月5,800円の買い物をしたため、同じ年の８月にはちょうど使い切ってしまった。Ａの当初の貯金額はいくらか。

1　12,000円
2　14,400円
3　16,800円
4　19,200円
5　21,600円

6 Check □□

下の図のように、四角形ＡＢＣＤが、ＣＤ＝ＤＡ、ＢＣ＝12cm、∠ＡＢＣ＝∠ＣＤＡ＝90°であり、四角形ＡＢＣＤの面積が81cm^{2}であるとき、ＡＢの長さとして、正しいのはどれか。

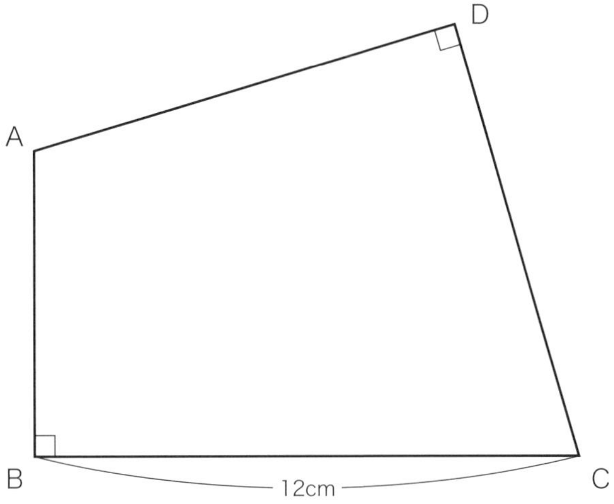

1　$3\sqrt{2}$ cm　　**2**　5 cm　　**3**　6 cm
4　6.75cm　　**5**　$4\sqrt{3}$ cm

7 Check □□

次の図のように、半径aの半円が直線上にある。今、直線上を滑ることなく１回転したとき、この半円の中心である点Oが描く軌跡の長さはどれか。ただし、円周率はπとする。

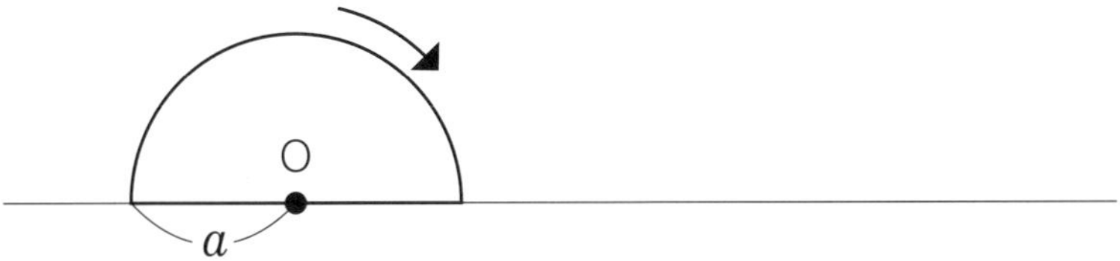

1　$\frac{1}{2}\pi a$　　**2**　πa　　**3**　$\frac{3}{2}\pi a$
4　$2\pi a$　　**5**　$\frac{5}{2}\pi a$

次ページへ続く

8 Check □□

次の図から正しくいえるのはどれか。

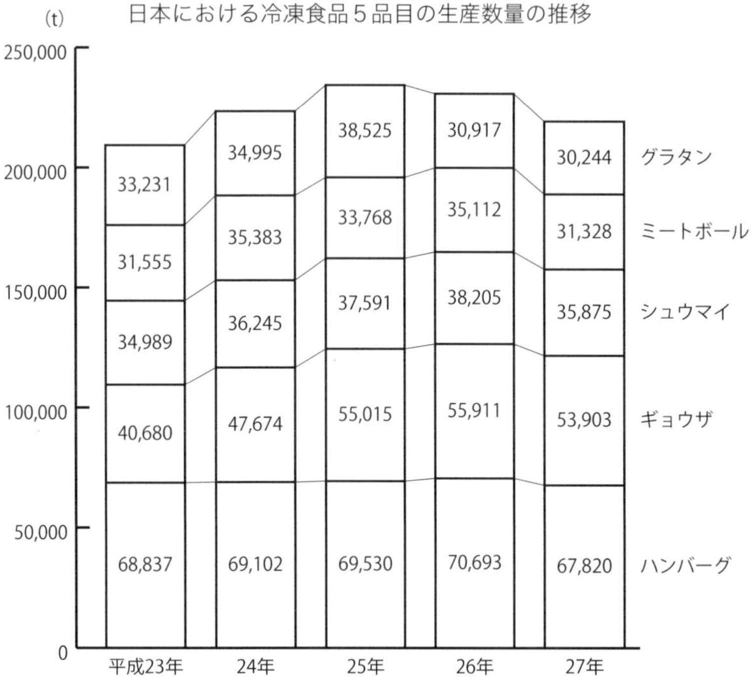

1 平成23年について見ると、ハンバーグの生産数量は、ミートボールの生産数量の2.3倍を上回っている。

2 平成24年から26年までのうち、ギョウザの生産数量の対前年増加率が最も大きいのは25年であり、最も小さいのは26年である。

3 平成25年から27年までのシュウマイの生産数量の３か年の累計は、25年から27年までのグラタンの生産数量の３か年の累計を11,000t以上、上回っている。

4 平成25年から27年までの各年について見ると、シュウマイとミートボールの生産数量の差は、いずれの年も3,000tを下回っている。

5 平成25年の冷凍食品５品目の生産数量の合計を100としたとき、27年の冷凍食品５品目の生産数量の合計の指数は90を下回っている。

9 Check □□

下線部の漢字の用いられ方として、正しいものはどれか。

1 教育者としての適正に欠ける。
2 書類が山積みで収拾がつかない。
3 真相を糾明する。
4 博士課程を終了する。
5 老後の生活を保証する。

10 Check □□

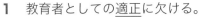

次の英文の内容と一致するものはどれか。

In Japan, nearly one in four people is over 65. This means that more elderly people are living alone every year. In August, Tokyo's Shinagawa ward, where at least 25 elderly people died alone in their homes, began to cooperate with Japan Post to increase elderly people's human contact and improve their lives. This new attempt calls on postmen to make sure nothing is wrong when they visit the homes of the elderly people and to contact a special center if something is wrong. Moreover, postmen visit people over 65 once a month and hand them seasonal greeting cards directly to strengthen ties within the community.

1 年々、一人暮らしのお年寄りは減少している。
2 品川区と日本郵便は連携し、お年寄りが人々と関わる機会を増やすことで彼らの生活の質を向上させることをめざしている。
3 品川区では郵便局員がお年寄りの家を訪ねて異常を発見した場合、警察に通報することを義務としている。
4 地域のつながりを強固なものとするために、郵便局員は65歳以上の人々の家に半年に1回行き、季節のグリーティングカードを直接手渡しする。
5 日本では、5人に1人が65歳以上である。

4th DAY

一般知識

解答・解説は別冊42ページ

11 地球環境問題への取組に関する記述として、妥当なのはどれか。

Check □□

1 1972年にストックホルムで開催された国連人間環境会議は、「かけがえのない地球」をスローガンに、環境問題が国際的に検討された会議であり、人間環境宣言を採択した。

2 1992年にリオデジャネイロで開催された国連環境開発会議は、「環境と開発に関するリオ宣言」を採択し、これを実施するため、同年末の国連総会の決議に基づいて、国連環境計画（ＵＮＥＰ）が設立された。

3 1997年に京都で開催された地球温暖化防止京都会議は、大量の二酸化炭素を排出する発展途上国に温室効果ガス排出の削減義務を数値目標として定め、これに法的拘束力を持たせた京都議定書を採択した。

4 2002年にワシントンで開催された持続可能な開発に関する世界首脳会議は、アジェンダ21の見直しについて協議が行われ、各国の指針となる実施計画が採択された。

5 2010年に名古屋で開催された生物多様性条約締約国会議は、絶滅の恐れのある野生動植物とその製品の国際取引を禁じ、生物種の保護のうえで特に重要な湿地を保護するルールをまとめた名古屋議定書を採択した。

12 物価に関する記述として、妥当なのはどれか。

Check □□

1 消費者が購入する商品の価格を平均したものを消費者物価といい、また、企業間で取引される商品の価格を平均したものを企業物価という。

2 物価が持続的に上昇する現象をデフレーションといい、逆に、物価が持続的に下落する現象をインフレーションという。

3 国内での供給能力が低下して発生するインフレーションを、ディマンド・プル・インフレーションと呼ぶ。

4　貨幣の供給が増加すると、貨幣の希少性が高まることで、貨幣の価値が下がり、財・サービスの価格が低下する。

5　中央銀行が中長期的に望ましい物価上昇率を目標として設定し、その実現のために金融政策を発動する政策を、デフレーション・スパイラル政策と呼ぶ。

13　鎌倉時代の仏教思想家に関する記述として、妥当なのはどれか。

Check □□

1　法然は、戒律を守り身と心を清浄にし、坐禅につとめるならば、自己の内なる仏の知に目覚め、他者をも安楽にできると説き、臨済宗を伝えた。

2　親鸞は、煩悩(ぼんのう)を捨てきれない悪人であると自覚した人は、他力に委ねる心があるため往生できるとする悪人正機を説き、浄土真宗を開いた。

3　栄西は、往生のためには、他の修行をさしおいて、称名念仏に専念するだけでよいとする専修念仏を説き、浄土宗を開いた。

4　道元は、南無妙法蓮華経という題目を唱えれば、人はその功徳を譲りあたえられ、誰でも仏となることができると説き、法華宗を開いた。

5　日蓮は、坐禅につとめるとき、煩悩にとらわれていた自己が脱け落ち、束縛から解放されるとする身心脱落を説き、曹洞宗を伝えた。

14　次の文は、太陽系の天体に関する記述であるが、文中の空所**A**～**C**に該当する語の組み合わせとして、妥当なのはどれか。

Check □□

　太陽系には、水星、金星、地球、火星の地球型惑星と、木星、土星の木星型惑星、天王星、［　A　］の天王星型惑星がある。地球型惑星は、木星型、天王星型惑星と比べて［　B　］が小さく、［　C　］が大きい。

	A	B	C
1	海王星	半径	質量
2	冥王星	半径	質量
3	海王星	半径	密度
4	冥王星	密度	半径
5	海王星	密度	半径

5th DAY

一般知能

解答・解説は別冊43～52ページ

1 Check □□

ある小学校の児童100人について、家で飼っている動物を調べたところ、次の**ア**～**エ**のことがわかった。

ア　犬を飼っている児童は40人であり、そのうち猫も飼っている児童は10人であった。
イ　猫を飼っている児童は30人であり、そのうちウサギも飼っている児童は15人であった。
ウ　ウサギを飼っている児童は20人であり、そのうち犬も飼っている児童は12人であった。
エ　犬、猫及びウサギのいずれも飼っていない児童は38人であった。

以上から判断して、犬、猫及びウサギの３種類の動物をすべて飼っている児童の人数として、正しいのはどれか。

1　6人　　**2**　7人　　**3**　8人
4　9人　　**5**　10人

2 Check □□

文房具店で買物をし、千円紙幣２枚、五百円硬貨４枚、百円硬貨６枚、五十円硬貨８枚のうち、いずれかを組み合わせて、ちょうど2,200円を支払うとき、紙幣及び硬貨の組み合わせは全部で何通りあるか。

1　15通り　　**2**　16通り　　**3**　17通り
4　18通り　　**5**　19通り

3 Check □□

Ａ君の家庭では、父、母、Ａ君、姉、弟、妹の６人が毎日交替で犬の散歩をすることになっている。ある月の下旬から翌月にかけての連続した14日間において、当番の順は以下のようであった。このとき、Ａ君の次の日に犬を散歩に連れて行く当番はだれか。ただし、全員６日に１回必ず犬の散歩当番が回ってくるものとする。

ア　母は第５火曜日と５日が当番だった。
イ　妹は金曜日に当番の日があった。
ウ　弟は月末最終日が当番だった。
エ　姉は第１土曜日が当番だった。
オ　父は２日が当番だった。

1　父　　**2**　母　　**3**　姉　　**4**　弟　　**5**　妹

4 Check □□

A～**F**の６人で、10,000ｍ走を行った。その結果について聞いたところ、**A**～**D**が次のように答えた。

A　「私は、**E**より後にゴールした」
B　「私は、**D**より後にゴールした」
C　「私は、**E**より先にゴールした」
D　「私は、**F**より先にゴールした」

このとき、全員の着順を確定するための**F**の発言として妥当なものはどれか。ただし、同着の者はいなかったものとする。

1　「私は、**A**及び**B**より後にゴールした」
2　「私は、**B**及び**C**より先にゴールした」
3　「私は、**C**より先にゴールしたが、**B**より後にゴールした」
4　「私は、**D**の次にゴールし、**C**より後にゴールした」
5　「私は、**E**の次に５着でゴールした」

次ページへ続く

5

Check □□

ＴＯＫＹＯという５文字から任意の３文字を選んで、それらを横１列に並べるとき、３文字の並べ方は何通りあるか。

1　29通り
2　33通り
3　37通り
4　41通り
5　45通り

6

Check □□

４人が、ぐう、ちょき、ぱあのうち１つを出してじゃんけんを１回するとき、あいこになる確率として、正しいのはどれか。ただし、４人とも、ぐう、ちょき、ぱあをそれぞれ同じ確率で出すものとする。

1　$\frac{7}{27}$

2　$\frac{7}{24}$

3　$\frac{11}{27}$

4　$\frac{13}{27}$

5　$\frac{13}{24}$

7 Check □□

濃度６％の食塩水と濃度10％の食塩水を濃度４％の食塩水200 gに加え、混ぜ合わせて濃度８％の食塩水1600 gを作ったとき、加えた濃度10％の食塩水の量として、正しいのはどれか。

1　700 g
2　750 g
3　800 g
4　850 g
5　900 g

8 Check □□

ある陸上競技場において、１周が300 mのトラックを、A、B、Cの３人が同じスタート地点から、Aは反時計回りに、BとCは時計回りに、それぞれ一定の速さで、同時に走り出した。Aは、１分30秒でトラックを１周し、スタートしてから最初にBとすれ違うまでに50秒かかり、Bがトラックを１周してスタート地点を通過したとき、Cはスタート地点から30 m手前の地点を走っていた。このとき、Cの速さとして、正しいのはどれか。

1　140 m / 分
2　144 m / 分
3　148 m / 分
4　152 m / 分
5　156 m / 分

次ページへ続く

9 Check □□

下の図のように、三角形ＡＢＣがあり、この三角形と辺ＢＣが共通で∠ＢＤＣ＝123°の三角形ＤＢＣがある。∠ＡＢＤ＝∠ＣＢＤ、かつ、∠ＡＣＤ＝∠ＢＣＤであるとき、∠ＢＡＣの角度として、正しいのはどれか。

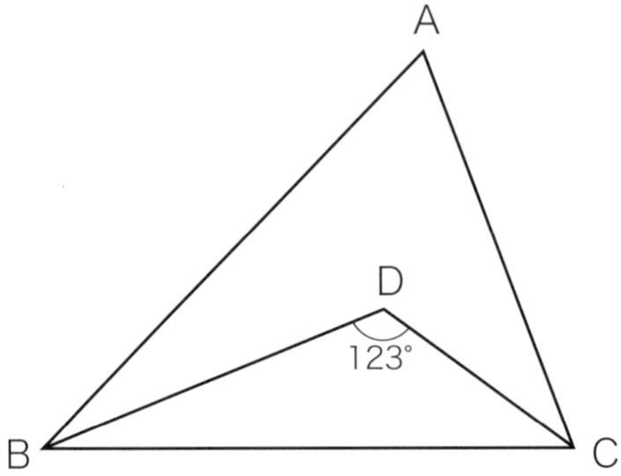

1 66°
2 69°
3 72°
4 75°
5 78°

10 Check □□

下の図のように、3つの辺の長さがそれぞれ$3a$、$4a$、$5a$である直角三角形に円が内接しているとき、斜線部分の面積として、正しいのはどれか。ただし、円周率はπとする。

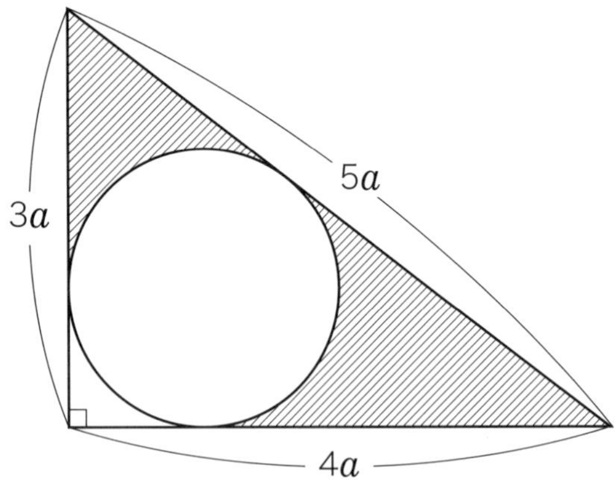

1 $(5-\frac{1}{4}\pi)a^2$　**2** $(5-\frac{3}{8}\pi)a^2$　**3** $(5-\frac{1}{2}\pi)a^2$

4 $(5-\frac{5}{8}\pi)a^2$　**5** $(5-\frac{3}{4}\pi)a^2$

11 Check □□

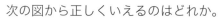

次の図から正しくいえるのはどれか。

二次電池の販売金額の構成比の推移

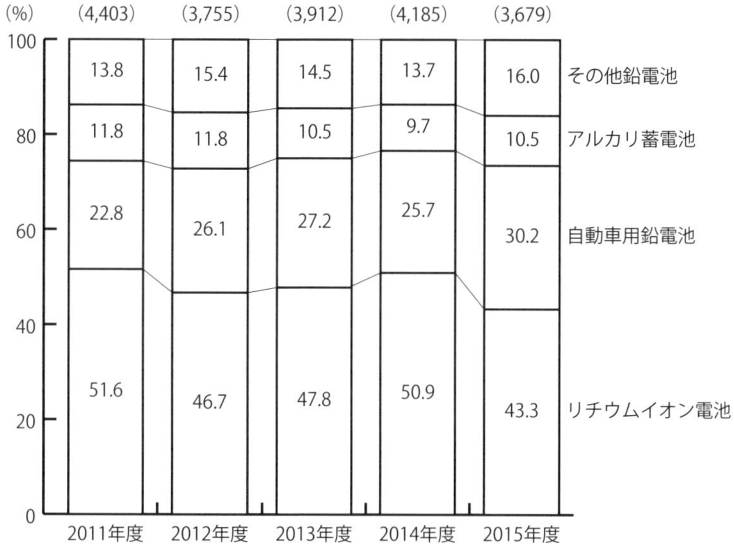

(注)(　)内の数値は、二次電池の販売金額の合計(単位：億円)を示す。

1 2011年度から2013年度までの3か年度のリチウムイオン電池の販売金額の年度平均は、1,800億円を下回っている。

2 2011年度から2013年度までのうち、自動車用鉛電池の販売金額が最も多いのは2011年度であり、最も少ないのは2013年度である。

3 2012年度におけるアルカリ蓄電池の販売金額を100としたとき、2014年度におけるアルカリ蓄電池の販売金額の指数は95を下回っている。

4 2012年度から2015年度までの各年度について見ると、アルカリ蓄電池の販売金額に対するその他鉛電池の販売金額の比率は、いずれの年度も1.5を上回っている。

5 2015年度について見ると、自動車用鉛電池の販売金額は、その他鉛電池の販売金額を600億円以上、上回っている。

5th DAY 一般知識

制限時間 15分

解答・解説は別冊53～54ページ

12 Check □□

次の**A**～**E**のうち、四字熟語の読み方が正しいものを選んだ組み合わせとして、妥当なのはどれか。

A　人事不省　———　「じんじふしょう」
B　金城湯池　———　「きんじょうゆち」
C　合従連衡　———　「がっしょうれんこう」
D　呉越同舟　———　「ごえつどうせん」
E　有職故実　———　「ゆうそくこじつ」

1　A　C　　**2**　A　D　　**3**　B　D
4　B　E　　**5**　C　E

13 Check □□

次の日本語のことわざまたは慣用句と英文との組み合わせ**A**～**E**のうち、双方の意味が類似するものを選んだ組み合わせとして妥当なものはどれか。

A　どんぐりの背比べ　——　The pot calls the kettle black.
B　果報は寝て待て　——　Repentance comes too late.
C　失敗は成功のもと　——　Patience is a virtue.
D　長いものには巻かれろ　——　If you can't beat them, join them.
E　金は天下の回り物　——　Nothing costs so much as what is given us.

1　A　C　　**2**　A　D　　**3**　B　D
4　B　E　　**5**　C　E

14 Check □□

県と世界遺産に関する次の文章の空欄**A**～**F**に当てはまる語句の組み合わせとして、妥当なのはどれか。

[A]県は、[B]県の[C]に位置し、[A]県には、富岡製糸場と絹産業遺産群という世界遺産がある。

[D]県は、[E]県の[F]に位置し、[D]県には、石見銀山遺跡とその文化的景観という世界遺産がある。

	A	B	C	D	E	F
1	群馬	栃木	西	島根	鳥取	西
2	群馬	栃木	東	鳥取	島根	西
3	高崎	宇都宮	東	鳥取	松江	東
4	栃木	群馬	西	鳥取	島根	西
5	栃木	群馬	東	島根	鳥取	東

15 Check □□

日本の地方自治に関する記述として、妥当なのはどれか。

1 日本国憲法に定める「地方自治の本旨」とは、「団体自治」と「住民自治」を意味する。

2 地方公共団体の長は、住民によって直接選挙されるが、地方議会の議員は、住民に選挙された者の中から地方公共団体の長が任命する。

3 地方公共団体は条例制定権を有し、地方議会の議決があれば、法律の範囲外であっても条例を定めることができる。

4 地方公共団体は、その財政的な自立性を高めるのが重要な課題とされてきたが、今日では地方税が地方公共団体の財源の約８割を占めている。

5 地方公共団体の事務は、地方公共団体が主体的に行う自治事務と、国などが関与する度合いがより強い機関委任事務とに分けられる。

次ページへ続く

16

Check □□

日本銀行に関する**A～D**の記述のうち、妥当なものを選んだ組み合わせはどれか。

A　日本銀行は、日本で唯一の発券銀行として日本銀行券を発行するとともに、銀行の銀行として市中金融機関に対して資金の貸出しや預金の受入れを行うほか、政府の銀行として国庫金の出納を行う。

B　日本銀行は、物価の安定を図ることを通じて国民経済の健全な発展を実現するため、通貨及び金融の調節を行っており、その基本方針は、日本銀行政策委員会の金融政策決定会合で決まる。

C　日本銀行は、公開市場操作、公定歩合操作、預金準備率操作の３つの金融政策を通じて景気や物価の安定を図っており、金利の自由化に伴い、現在では公定歩合操作が金融政策の中心となっている。

D　日本銀行は、市中金融機関との間で国債を売買して通貨供給量を調整するが、景気が過熱気味であるときは、買いオペレーションにより資金供給量を減らして、金利を高めに誘導する。

1　A　B　　**2**　A　C　　**3**　A　D
4　B　C　　**5**　B　D

17

Check □□

次の**A～E**の租税を直接税と間接税に分けたとき、直接税の組み合わせとして、妥当なのはどれか。

A　消費税
B　所得税
C　酒税
D　たばこ税
E　法人税

1　A　C　　**2**　A　D　　**3**　B　C
4　B　E　　**5**　D　E

18

Check □□

次の文は、原子の構造に関する記述であるが、文中の空所**A**～**C**に該当する語の組み合わせとして、妥当なのはどれか。

原子は、中心にある原子核と原子核を取り巻くいくつかの電子からできており、原子は全体として電気的に［　**A**　］である。原子核に含まれる陽子の数を原子番号といい、原子核に含まれる陽子と中性子の数の和を［　**B**　］という。原子番号は同じでも中性子の数が異なる原子どうしを、互いに［　**C**　］であるといい、化学的な性質はほとんど同じである。

	A	B	C
1	正	原子量	同素体
2	正	質量数	同位体
3	中性	質量数	同位体
4	中性	原子量	同素体
5	中性	質量数	同素体

19

Check □□

次の文は、窒素の循環に関する記述であるが、文中の空所**A**～**C**に該当する語の組み合わせとして、妥当なのはどれか。

植物は、土壌中の硝酸イオンやアンモニウムイオンを吸収し、タンパク質などの有機窒素化合物を作っている。これを［　**A**　］という。

多くの生物は大気中の窒素を直接利用することはできないが、アゾトバクターなどの細菌は大気中の窒素から植物が利用可能な無機窒素化合物を作ることができる。これを［　**B**　］という。

土壌中の無機窒素化合物は細菌類により窒素に変えられ、大気中に戻される。これを［　**C**　］という。

	A	B	C
1	光合成	窒素固定	脱窒
2	窒素固定	光合成	呼吸
3	窒素固定	窒素同化	脱窒
4	窒素同化	光合成	呼吸
5	窒素同化	窒素固定	脱窒

6th DAY 一般知能

解答・解説は別冊55～63ページ

1 Check □□

ある暗号で「ＤＩＭ」が「黄(○)、赤(△)、緑(□)」、「ＴＩＰ」が「桃(⬠)、赤(△)、黄(□)」、「ＦＩＦＴＨ」が「青(○)、赤(△)、青(○)、桃(⬠)、桃(△)」で表されるとき、同じ暗号の法則で「青(□)、赤(□)、緑(⬠)、紫(○)」と表されるのはどれか。

1　「ＢＬＵＥ」
2　「ＣＯＲＫ」
3　「ＣＹＡＮ」
4　「ＧＲＡＹ」
5　「ＲＯＳＥ」

2 Check □□

Ａ～Ｅの５人に、ご飯、魚、麺、パン、肉のうち好きな食べ物を聞いた。今、次の**ア～カ**のことがわかっているとき、確実にいえるのはどれか。

ア　Ａは、パンは好きだが、魚は好きではない。
イ　Ｂは、肉は好きだが、麺は好きではない。
ウ　Ｃは、魚は好きだが、パンは好きではない。
エ　Ｄは、肉は好きだが、麺は好きではない。
オ　Ｅは、好きな食べ物が２種類あり、そのうち１つはご飯である。
カ　ご飯を好きだと答えた者は１人、魚は２人、麺は３人、パンは２人、肉は２人である。

1　Ａは、麺が好きである。
2　Ｂは、ご飯が好きである。
3　Ｃが好きな食べ物は３種類である。
4　Ｄが好きな食べ物は２種類である。
5　Ｅは、魚が好きである。

3 Check □□

A～Eの５人が、A、B、C、D、Eの順で一直線上に並んでいる。今、次の**ア～オ**のことがわかっているとき、確実にいえるのはどれか。ただし、A～Eは、真東、真西、真南または真北のいずれかの方角を向いているものとする。

ア　Bから見て、Bの右側には誰もいない。
イ　Cから見て、Cの左側にBがいる。
ウ　DはAと同じ方角を向いており、Dから見てDの左側にEがいる。
エ　EはBと同じ方角を向いており、Eから見てEの正面及び右側には誰もいない。
オ　Aは真北を向いている。

1　BとDは同じ方角を向いている。
2　Cは真西を向いている。　　**3**　Eは真東を向いている。
4　真南を向いている人はいない。
5　真西を向いているのは２人だけである。

4 Check □□

A～**E**の５人で初詣に行き、全員がおみくじを引いた。その結果について５人に聞いたところ、**A**～**E**は次のように答えた。**A**～**E**の全員が半分本当のことを言い、半分うそをついているとすると、確実にいえるのはどれか。ただし、おみくじは１人１回ずつ引き、それぞれおみくじの結果は異なり、大吉、吉、中吉、小吉、末吉のいずれかであったものとする。

A　「私のおみくじは大吉で、**D**さんのおみくじは末吉だった。」
B　「私のおみくじは末吉で、**C**さんのおみくじは大吉だった。」
C　「私のおみくじは大吉で、**A**さんのおみくじは吉だった。」
D　「私のおみくじは吉で、**B**さんのおみくじは中吉だった。」
E　「私のおみくじは吉で、**C**さんのおみくじは中吉だった。」

1　**A**の引いたおみくじは、小吉である。
2　**B**の引いたおみくじは、末吉である。
3　**C**の引いたおみくじは、中吉である。
4　**D**の引いたおみくじは、吉である。
5　**E**の引いたおみくじは、大吉である。

5
Check □□

2、6、18、54、162……で表される数列の初項から第6項までの和から、13、21、29、37……で表される数列の第50項を差し引いた値はどれか。

1 299
2 307
3 315
4 323
5 331

6
Check □□

ある飛行機に乗るために家から空港まで自動車で行くとき、時速60kmで走行すると出発時刻の32分前に着くが、時速36kmで走行すると出発時刻に20分遅れてしまう。今、時速60kmで家から空港まで自動車で行くとき、要する時間はどれか。

1 1時間12分
2 1時間18分
3 1時間24分
4 1時間30分
5 1時間36分

7 Check □□

次の図のように、半径2cm、中心角90°の扇形ＢＡＣと半径2cm、中心角90°の扇形ＣＢＤの内部に、ＢＣを直径とする半円があるとき、斜線部分の面積はどれか。ただし、円周率はπとする。

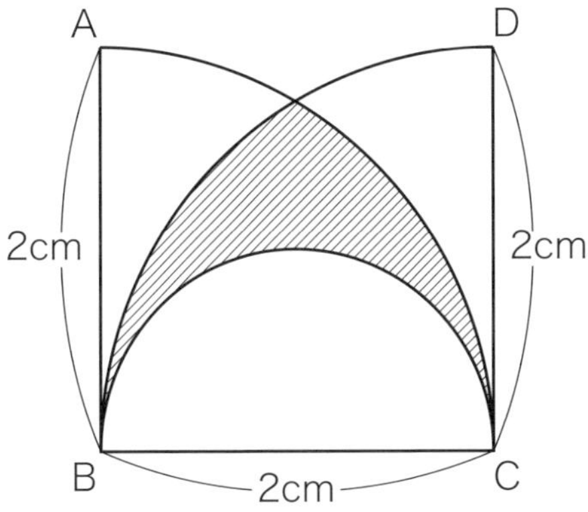

1 $\frac{5}{6}\pi-\sqrt{3}\,\mathrm{cm}^2$

2 $\frac{5}{6}\pi+\sqrt{3}\,\mathrm{cm}^2$

3 $\frac{5}{6}\pi-\frac{1}{2}\sqrt{3}\,\mathrm{cm}^2$

4 $\frac{1}{3}\pi+\sqrt{3}\,\mathrm{cm}^2$

5 $\frac{1}{3}\pi-\sqrt{3}\,\mathrm{cm}^2$

8 Check □□

次の計算式において、空欄Ａ～Ｇにそれぞれ、０～９の数字のうち、１と３を除くいずれか１つの数字が入るとき、空欄Ｇに入る数字として、正しいのはどれか。ただし、アルファベットが同一の空欄には、同一の数字が入る。

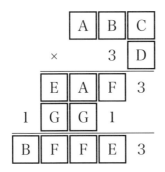

		A	B	C
	×		3	D
	E	A	F	3
1	G	G	1	
B	F	F	E	3

1 4
2 5
3 6
4 7
5 8

次ページへ続く

9

Check

□□

次の図から正しくいえるのはどれか。

日本における農林水産物４品目の輸入額の対前年増加率の推移

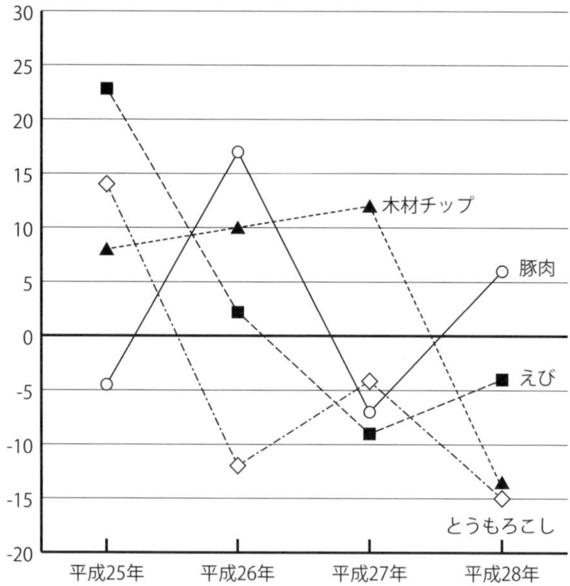

1 平成25年から27年までの各年について見ると、えびの輸入額はいずれの年も前年に比べて減少している。

2 平成25年から28年までのうち、豚肉の輸入額が最も多いのは26年であり、最も少ないのは27年である。

3 とうもろこしの輸入額について見ると、平成25年を100としたとき、27年の指数は75を下回っている。

4 木材チップの輸入額について見ると、平成26年から28年までの３か年の年平均の輸入額は25年の輸入額を上回っている。

5 平成27年について見ると、４品目のうち輸入額が前年に比べて増加したのはとうもろこしと木材チップである。

10 Check □□

下の図の中にある三角形の数として、正しいのはどれか。

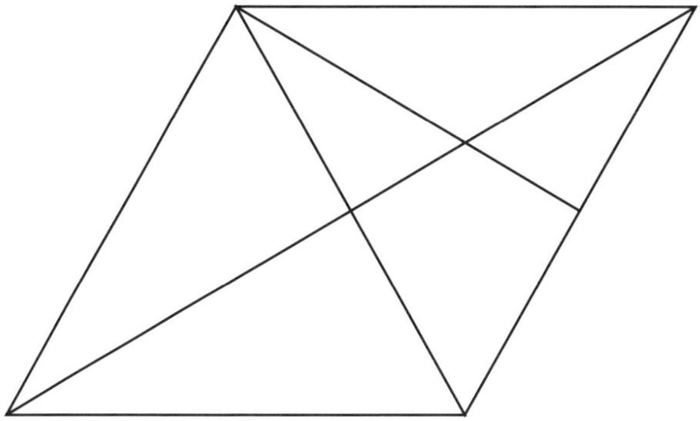

1　10個
2　11個
3　12個
4　13個
5　14個

11 Check □□

下の図のように、27個の同じ大きさの立方体を隙間なく積み重ねて立体を作ったとき、他の立方体と４つの面が接している立方体の数として、正しいのはどれか。

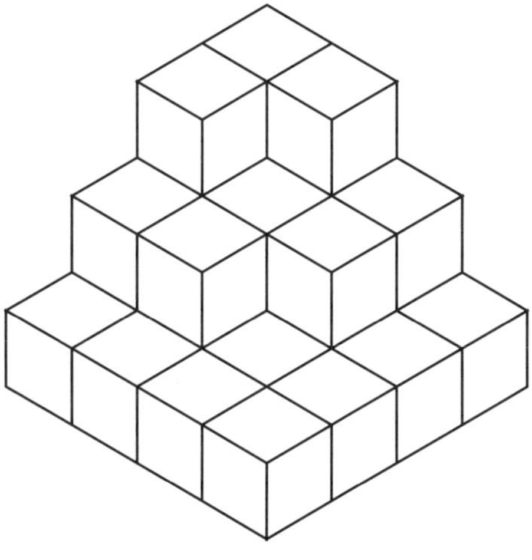

1　5個　　**2**　6個　　**3**　7個
4　8個　　**5**　9個

6th DAY

一般知識

制限時間 15分

解答・解説は別冊64〜66ページ

12

Check □□

次の**A**〜**E**のうち、日本国憲法に規定する天皇の国事行為に該当するものを選んだ組み合わせとして、妥当なのはどれか。

A　最高裁判所長官を指名すること
B　外交関係を処理すること
C　法律を公布すること
D　大赦及び特赦を決定すること
E　衆議院を解散すること

1　A　C　　**2**　A　D　　**3**　B　D
4　B　E　　**5**　C　E

13

Check □□

次の文**A**〜**E**のうち、敬語の使い方として、最も妥当なものの組み合わせはどれか。

A　お客様が食事をお召し上がりになられる。
B　お客様が楽しそうにお話しになっていらっしゃいます。
C　(就職時の同期生であるZの職場に電話をしたら、その同僚が出たので)就職が同期の者ですけど、Zさんはおられますか。
D　(接客担当者がお客様に対して)どうぞゆっくりお食べになってください。
E　建物の入口までご案内いたします。

1　A　C　　**2**　A　D　E　　**3**　B　C　D
4　B　E　　**5**　D　E

14 Check □□

明治政府の外交に関する記述として、妥当なのはどれか。

1 陸奥宗光外相は、領事裁判権の撤廃と関税自主権の完全回復を内容とする改正日米通商航海条約に調印し、不平等条約の改正に成功した。

2 日清戦争は日本の勝利に終わり、日清両国は天津条約に調印し、清国は日本に遼東半島を割譲することとなった。

3 北清事変後、ロシアは満州を事実上占領し、韓国における日本の権益を脅かすようになったため、桂太郎内閣は日英同盟協約を締結した。

4 日露戦争において日本がロシアに勝利した日本海海戦後、ポーツマス条約が調印され、ロシアは日本に多額の賠償金を支払うことになった。

5 日本は、韓国併合条約を韓国に調印させ、首都の漢城を京城と改め、関東都督府をおいて植民地支配を始めた。

15 Check □□

ローマ世界に関する記述として、妥当なのはどれか。

1 カルタゴのハンニバルは、ザマの戦いでローマを危機におとしいれたが、スキピオがハンニバルをカンネーの戦いで破り、ローマを勝利に導いた。

2 グラックス兄弟は、元老院議員となり、没落した農民層を再建するため、貴族による土地の占有を制限し、土地を無産市民に分配した。

3 ガリア遠征で有力となったカエサルは、ポンペイウスを倒して、独裁官に就任したが、ブルートゥスらの共和派によって暗殺された。

4 アントニウスは、エジプトの女王クレオパトラと結んだオクタウィアヌスをアクティウムの海戦で破り、プトレマイオス朝を滅ぼした。

5 ディオクレティアヌス帝は、東方の重要性を踏まえ、都をローマからビザンティウムに移し、コンスタンティノープルと改めた。

次ページへ続く

16 Check □□

次の文章は日本国憲法の前文の一部であるが、空欄に当てはまる語句の組み合わせとして、正しいのはどれか。

日本国民は、正当に選挙された国会における代表者を通じて行動し、われらとわれらの子孫のために、諸国民との協和による成果と、わが国全土にわたつて自由のもたらす恵沢を確保し、政府の行為によつて再び戦争の惨禍が起ることのないやうにすることを決意し、ここに［ A ］が国民に存することを宣言し、この憲法を確定する。そもそも国政は、国民の厳粛な［ B ］によるものであつて、その権威は国民に由来し、その権力は国民の代表者がこれを［ C ］し、その福利は国民がこれを享受する。これは人類普遍の原理であり、この憲法は、かかる原理に基くものである。われらは、これに反する一切の憲法、法令及び詔勅を排除する。

	A	B	C
1	国権	信託	行使
2	国権	信任	執行
3	主権	信託	行使
4	主権	信託	執行
5	主権	信任	執行

17 Check □□

実存主義の思想家に関する記述として、妥当なのはどれか。

1 キルケゴールは、人間は美的実存、宗教的実存を経て、最後の段階である倫理的実存に至り、倫理的実存において、人間は単独者として神の前に立ち、本来的自己を回復し、絶望から解放されるとした。

2 サルトルは、実存としての人間は、自らそのあり方を選択し、自らを未来の可能性に向かって投げかけることによって、自分が何であるかという自己の本質を自由に作りあげていく存在であるとした。

3 ハイデガーは、人間は限界状況に直面したとき、はじめて自己の有限性を自覚して挫折感を味わうが、そのとき、自己の有限性を知らせ、自己と世界のすべてを支え包みこむ超越者と出会うとした。

4　ヤスパースは、人間は死と向き合うことで、自己が有限で個別的な存在であることを知り、自己の有限性や個別性を積極的に引き受けることによって、本来の自己に立ち返ることができるとした。

5　ニーチェは、神は死んだということを認めず、キリスト教を中心とするこれまでの道徳や思想を受けとめ、力への意志によって支配されることなく生きていかなければならないとした。

18

Check □□

食物連鎖に関する**A**～**D**の記述のうち、妥当なものを選んだ組み合わせはどれか。

A　生産者は、光合成を行う植物などで、水や二酸化炭素などの無機物を取り込んで有機物を合成する。

B　すべての消費者は、動植物の遺体や排出物に含まれる有機物を最終的に無機物にまで分解する。

C　生物量ピラミッドは、栄養段階ごとに生物の個体数を調べて棒グラフに表し、それを横にして栄養段階順に積み重ねたものをいう。

D　生態ピラミッドは、生産者を底辺として、生物の個体数や生物量を栄養段階順に積み重ねたものをいう。

1　A　B　　2　A　C　　3　A　D
4　B　C　　5　B　D

19

Check □□

次の大気の層の区分**A**～**D**を、高度の高い順に並べたものはどれか。

A　成層圏　　B　対流圏　　C　中間圏　　D　熱圏

1　A ― B ― C ― D
2　A ― C ― D ― B
3　D ― A ― C ― B
4　D ― B ― C ― A
5　D ― C ― A ― B

7th DAY 一般知能

解答・解説は別冊67～78ページ

1 Check □□

ある大学の学生150人について、自宅から大学までの通学における交通手段の利用状況を調べたところ、次の**A**～**D**のことがわかった。

A　電車を利用している学生は105人であり、そのうちバスも利用している学生は10人であった。
B　バスを利用している学生は39人であり、そのうち自転車も利用している学生は13人であった。
C　自転車を利用している学生は33人であり、そのうち電車も利用している学生は12人であった。
D　電車、バス及び自転車のいずれも利用していない学生は３人であった。

以上から判断して、電車、バス及び自転車の３つの交通手段をすべて利用している学生の人数として、正しいのはどれか。

1　５人　　**2**　６人　　**3**　７人
4　８人　　**5**　９人

2 Check □□

下図のように４つに区分された図柄の旗を、赤、黄、緑及び白の４色で塗り分けるとき、同じ色が隣り合わないように塗り分ける方法は全部で何通りあるか。ただし、各区分は１色で塗り、４色のうち使わない色があっても良い。

1　24通り
2　36通り
3　48通り
4　60通り
5　72通り

3 Check □□

ある市の施設について調べたところ、サッカー場、体育館及びプールの３つのスポーツ施設と、音楽ホール、図書館及び博物館の３つの文化施設の計６つの施設が整備された順序について、次の**ア**～**オ**のことがわかった。

ア　体育館はサッカー場より早く、図書館は音楽ホールより早く、音楽ホールは博物館より早く整備された。
イ　体育館の次に整備されたのは、スポーツ施設であった。
ウ　プールと博物館は、それぞれスポーツ施設の次に整備された。
エ　音楽ホールの次に整備されたのは、スポーツ施設であった。
オ　スポーツ施設の中で最も早く整備された施設は、６つの施設の中で２番目に整備された。

以上から判断して、６つの施設のうち、最初から数えて３番目に整備された施設として、正しいのはどれか。ただし、同時に整備された施設はない。

1　音楽ホール　　**2**　サッカー場　　**3**　図書館
4　博物館　　**5**　プール

4 Check □□

３個のサイコロを同時に１回投げるとき、２個以上のサイコロが、同じ目を出す確率として、正しいのはどれか。

1　$\frac{5}{12}$　　**2**　$\frac{4}{9}$　　**3**　$\frac{5}{9}$　　**4**　$\frac{7}{12}$　　**5**　$\frac{7}{9}$

次ページへ続く

5 Check □□

2020年7月24日の曜日として、正しいのはどれか。なお、2019年7月24日は水曜日であり、2020年は2月が29日まである。

1 火曜日
2 水曜日
3 木曜日
4 金曜日
5 土曜日

6 Check □□

ある人が本を読み始め、1日目は全ページの$\frac{1}{3}$より40ページ多く読み、2日目は1日目に読んでいないページ数の$\frac{1}{2}$より35ページ多く読んだところ、読んでいないページ数は全ページ数のちょうど$\frac{1}{4}$となった。この本の全ページ数として、正しいのはどれか。

1 540ページ
2 570ページ
3 600ページ
4 630ページ
5 660ページ

7 Check □□

ある商品の販売単価が2,000円のとき、年間の販売個数が300000個であった。この商品の販売単価を10円値上げするごとに、年間の販売個数が1000個ずつ減るとき、この商品の年間の売上金額が最大となる販売単価として、正しいのはどれか。

1　2,500円
2　2,600円
3　2,700円
4　2,800円
5　2,900円

8 Check □□

下の図のように、１辺の長さが８cmの正方形ＡＢＣＤの中に、辺ＡＢ、辺ＢＣ、辺ＣＤ及び辺ＤＡを直径とする半円を描いたとき、斜線部分の面積の和として、正しいのはどれか。ただし、円周率はπとし、辺ＡＢ、辺ＢＣ、辺ＣＤ及び辺ＤＡの中点をそれぞれＥ、Ｆ、Ｇ及びＨとする。

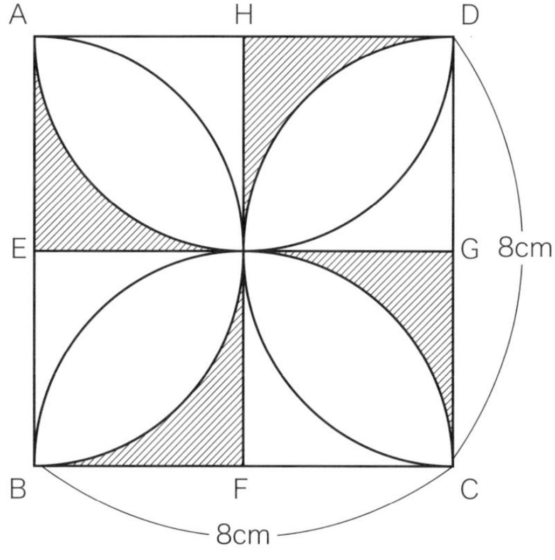

1　$(8-\pi)\text{cm}^2$　　**2**　$4(4-\pi)\text{cm}^2$
3　$4(16-\pi)\text{cm}^2$　　**4**　$16(4-\pi)\text{cm}^2$
5　$16(8-\pi)\text{cm}^2$

次ページへ続く

9 Check □□

下図のように、長方形ＡＢＣＤを平行線で７等分し、ＢＤ間を直線で結んだとき、着色部分アとイの面積の比として、正しいのはどれか。

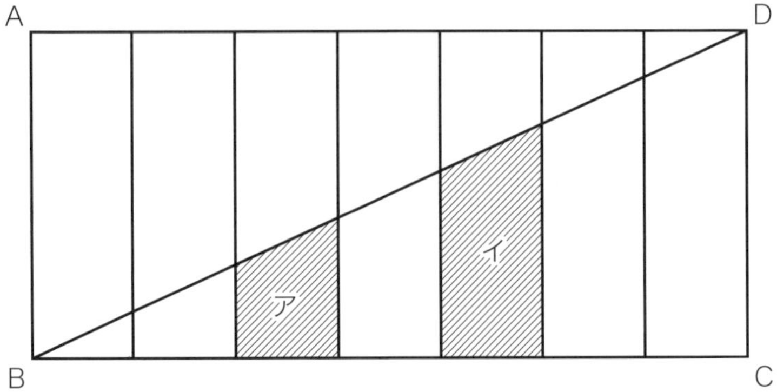

	ア：イ
1	3：7
2	4：9
3	1：2
4	5：9
5	4：7

10 Check □□

9を足すと15で割り切れ、12を引くと21で割り切れる数のうち、2番目に小さい正の整数として、正しいのはどれか。

1 81
2 96
3 114
4 201
5 306

11 Check □□

ある満水のプールを空にするために、Aのポンプだけで12分間排水し、その後Bのポンプだけで10分間排水すると、プールの水がなくなる。また、Aのポンプと Bのポンプで同時に8分間排水し、その後Bのポンプだけで7分間排水してもプールの水がなくなる。今、この満水のプールをAのポンプだけで排水して空にするとき、要する時間はどれか。

1　20分
2　21分
3　22分
4　23分
5　24分

12 Check □□

下の図のように、◯と□と△と☆をのせたてんびんがつり合っているとき、☆1個の重さはどれか。ただし、◯1個の重さは3kgとする。

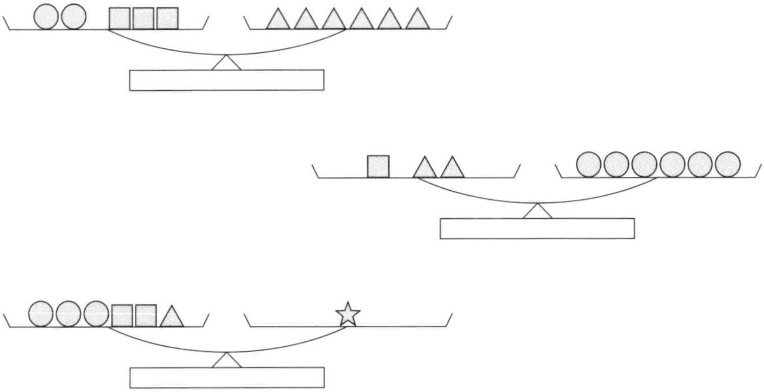

1　30kg　　**2**　31kg　　**3**　32kg
4　33kg　　**5**　34kg

次ページへ続く

13 Check □□

次の図から正しくいえるのはどれか。

わが国における製材の材種別の輸入量の推移

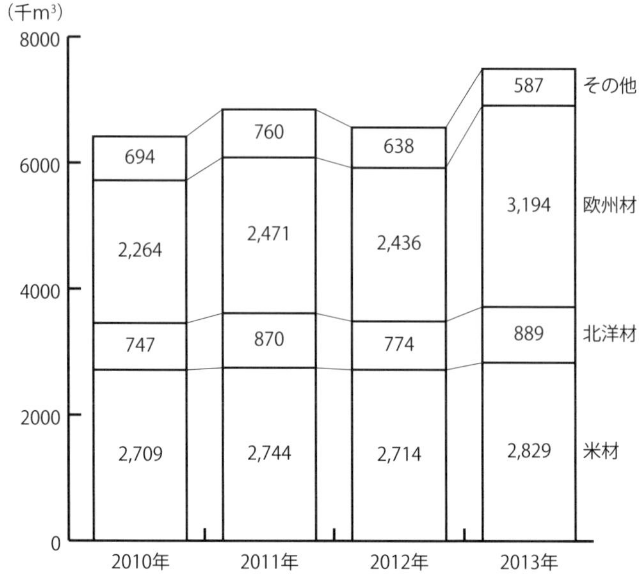

1　2010年における欧州材の輸入量を100としたとき、2012年における欧州材の輸入量の指数は120を上回っている。

2　2010年から2013年までの4か年における北洋材の1年あたりの平均の輸入量は、830千m^3を下回っている。

3　2011年から2013年までの各年について見ると、製材の輸入量の合計に占める米材の輸入量の割合が最も小さいのは2012年である。

4　2011年から2013年までの各年について見ると、北洋材の輸入量の対前年増加率が12%を上回っているのは2011年だけである。

5　2012年における米材の輸入量に対するその他の輸入量の比率は、0.1を下回っている。

14

Check □□

次の図は、正八面体の２面に矢印を描いたものであるが、この正八面体の展開図はどれか。

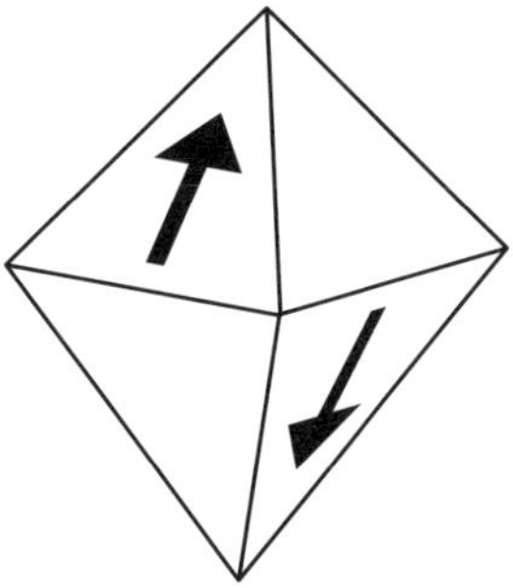

1

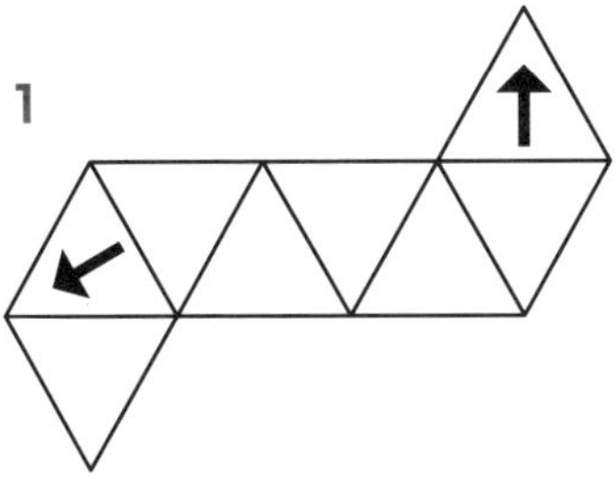

2

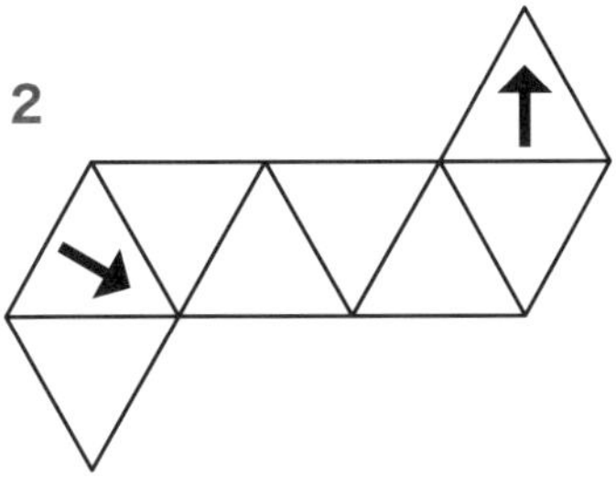

3

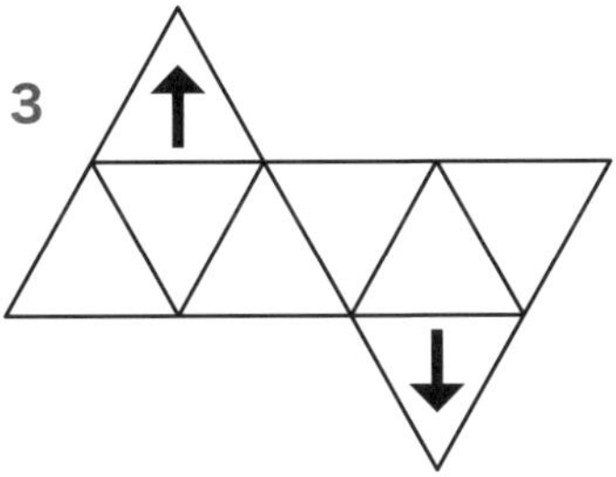

4

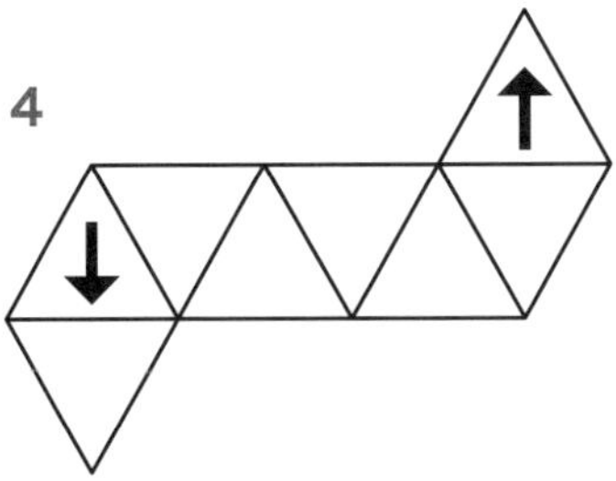

5

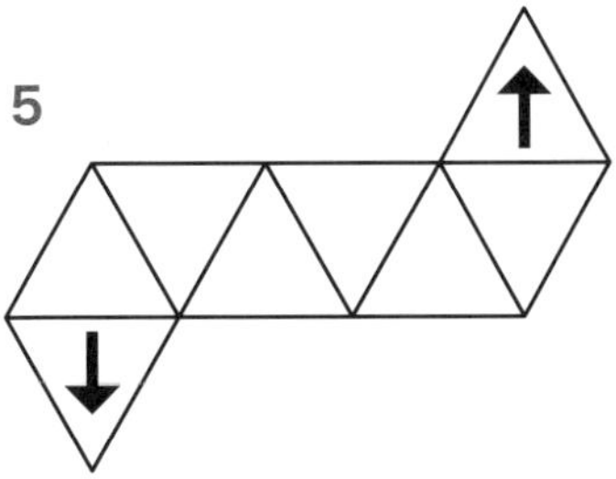

次ページへ続く

15
Check □□

次の文の主旨として最も妥当なものはどれか。

人間というものが始めてこの世界に現出したのはいつ頃であったか分らないが、進化論に従えば、ともかくも猿のような動物からだんだんに変化して来たものであるらしい。しかしその進化の如何なる段階以後を人間と名づけてよいか、これもむつかしい問題であろう。ある人は言語の有無をもって人間と動物との区別の標識としたらよいだろうと云い、またある人は道具あるいは器具の使用の有無を準拠とするのが適当だろうという。私にはどちらがよいか分らない。しかしこの言語と道具という二つのものを、人間の始原と結び付けると同様に、これを科学というものあるいは一般に「学」と名づけるものの始原と結び付けて考えてみるのも一種の興味があると思う。

言語といえども、ある時代に急に一時に出来上がったものとは思われない。おそらく初めはただ単純な叫び声あるいはそれの連続であったものが、だんだんに複雑になって来たものに相違ない。あるいは自然界の雑多な音響を真似てそれをもってその発音源を代表させる符号として使ったり、あるいはある動作に伴う努力の結果として自然に発する音声をもってその動作を代表させた事もあろう。いずれにしても、こういう風にしてある定まった声が「言葉」として成立したという事は、もうそこに「学」というものの芽生えが出来た事を意味する。例えば吾人が今日云う意味での「石」という言葉が出来たとする。これは既に自然界の万象の中からあるものが選び出され抽象されて、一つのいわゆる「類概念」が構成された事を意味する。同様に石を切る、木を切るというような雑多な動作の中から共通なものが抽象されて、そこに「切る」という動詞が出来、また同様にして「堅い」というような形容詞が生まれる。これらの言葉の内容はもはや箇々の物件を離れて、それぞれ一つの「学」の種子になっている。

こういう事が出来るというのが、大きな不思議である。

（寺田寅彦「言語と道具」による）

1 人間がいつこの世界に現れたのかはわからないが、進化のどの段階以後を人間と名づけるべきかというのは難しい問題である。

2 人間と動物は、言語の有無をもって区別の標識とすることができる。

3 言語は、ある時代に急にできあがったものではなく、初めは単純な叫び声あるいはその連続であったものが、だんだん複雑になってできあがったものである。

4 ある定まった声が「言葉」として成立したということは、そこに「学」というものが芽生えたということを意味する。

5 自然界の万象の中からあるものが選び出されて抽象され、言葉が生まれるというのはたいへん不思議である。

次ページへ続く

16

Check □□

次の英文の内容と一致するものはどれか。

In Germany, a woman has sued Facebook in the hope of getting access to her dead daughter's social media account to get answers on whether or not her child's death was an accident.

This isn't the first case of legal battles over how to deal with digital data whose owners have passed away.

In 2016, Apple resisted requirement by the FBI to force it to unlock an iPhone belonging to people who had carried out a mass shooting in California. But the company was more open to an Italian father who asked Apple to unlock a phone belonging to his child who had died of cancer, allowing him to access to precious memories and photos.

1 FBIはカリフォルニアで起きた銃乱射事件の捜査のため、アップル社に実行犯の携帯のロック解除を依頼したが、快諾されなかった。

2 亡くなった娘のFacebookアカウントへのアクセスを求めるドイツにおける裁判は、デジタルデータの持ち主が亡くなった後の処理に関する初の裁判である。

3 アップル社はイタリアにおいて、がんで亡くなった息子の携帯のロック解除を求める父親の依頼も却下した。

4 いかなる機関も、FBIの捜査のためには必ず情報開示の要求がなされた場合、従わなければならない。

5 娘を亡くしたドイツの母親は、裁判によって娘のFacebookアカウントへのアクセスを認められた。

17 Check □□

次の日本語のことわざまたは慣用句と英文との組み合わせ**A**～**E**のうち、双方の意味が類似するものを選んだ組み合わせとして妥当なものはどれか。

A　魚心あれば水心　――　It is not necessary to teach a fish to swim.

B　習うより慣れろ　――　Custom makes all things easy.

C　継続は力なり　――　You have to learn to walk before you run.

D　犬も歩けば棒にあたる　――　Let sleeping dogs lie.

E　泣き面に蜂　――　Misfortunes never come singly.

1　**A**　**C**
2　**A**　**D**
3　**B**　**D**
4　**B**　**E**
5　**C**　**E**

18 Check □□

次の**A**～**E**のうち、下線部の漢字が妥当な四字熟語の組み合わせはどれか。

A　危機<u>一発</u>
B　厚顔<u>無恥</u>
C　五里<u>無中</u>
D　<u>絶対</u>絶命
E　<u>単刀</u>直入

1　**A**　**B**　　**2**　**A**　**C**　　**3**　**B**　**E**
4　**C**　**D**　　**5**　**D**　**E**

7th DAY

一般知識

制限時間 15分

解答・解説は別冊79～80ページ

19 Check □□

室町文化に関する**A～D**の記述のうち、妥当なものを選んだ組み合わせはどれか。

A　連歌は、短歌の上の句と下の句を別の人が交互に詠む文芸であり、二条良基が菟玖波集を編集して勅撰集に準じられると、和歌と対等の地位に並んだ。

B　侘(わ)び茶は、茶の産地を飲み当てる賭け事であり、村田珠光が始め、南北朝期に流行した。

C　枯山水は、水を用いず砂と石で自然を表現する庭園であり、大徳寺大仙院や龍安寺が代表的である。

D　水墨画は、墨の濃淡で自然や人物を象徴的に表現するものであり、狩野正信・元信父子が明から帰国したのち水墨山水画を大成した。

1　A　B　　**2**　A　C　　**3**　A　D
4　B　C　　**5**　B　D

20 Check □□

幕末の出来事に関する記述として、妥当なのはどれか。

1　安政の大獄は、大老の井伊直弼が、勅許を得ないまま日米和親条約に調印したことを非難する動きを抑えるため、反対派の公家や大名を処罰した事件である。

2　坂下門外の変は、老中の堀田正睦が、公武合体策を進め、孝明天皇の妹和宮を将軍徳川家茂の妻に迎えたため、尊攘(そんじょう)派浪士に襲撃され、失脚した事件である。

3　寺田屋事件は、京都守護職松平容保の指導下にあった近藤勇ら新選組が、京都の旅館で会合していた長州藩や土佐藩の尊攘派を殺傷した事件である。

4　生麦事件は、江戸から薩摩に帰る途中の島津斉彬の行列を横切ったイギリス人が殺傷され、薩英戦争を招く原因となった事件である。

5 八月十八日の政変は、薩摩藩と会津藩が、天皇や公武合体派の公家と協力して、長州藩や三条実美などの尊攘派公家を京都から追放した事件である。

21 Check □□

次の文は、16世紀のスペインに関する記述であるが、文中の空所**A**～**C**に該当する語、人物名または国名の組み合わせとして、妥当なのはどれか。

スペインは、［ **A** ］のときに全盛期を迎え、1571年、［ **B** ］でオスマン帝国を破り、隣国ポルトガルも併合して「太陽の沈まぬ国」を築いた。しかし、［ **A** ］は、カトリック信仰を強制する政策をとったため、支配下にあったネーデルラントのプロテスタントの反乱を招き、1588年、これを援助した［ **C** ］に対して、無敵艦隊を派遣したが敗れ、衰退に向かった。

	A	B	C
1	カルロス1世	アルマダの海戦	イギリス
2	カルロス1世	レパントの海戦	フランス
3	フェリペ2世	アルマダの海戦	イギリス
4	フェリペ2世	レパントの海戦	イギリス
5	フェリペ2世	レパントの海戦	フランス

22 Check □□

次の**A**～**E**のうち、日本国憲法の規定する内閣の権限に該当するものを選んだ組み合わせとして、妥当なのはどれか。

A 条約の承認
B 予算の作成
C 最高裁判所長官の任命
D 政令の制定
E 憲法改正の発議

1 A C　　**2** A D　　**3** B D
4 B E　　**5** C E

次ページへ続く

23 Check □□

わが国の司法権に関する記述として、妥当なのはどれか。

1 裁判所には、最高裁判所と下級裁判所があり、下級裁判所は高等裁判所と地方裁判所、家庭裁判所の３種類に限定されている。
2 裁判は、三審制が採用されており、高等裁判所に訴えることを上告といい、最高裁判所に訴えることを控訴という。
3 違憲立法審査権は、最高裁判所のみに付与されており、最高裁判所は終審裁判所として位置付けられている。
4 裁判官は、心身の故障のため職務を行うことができないと裁判で決定された場合以外に、罷免されることはない。
5 裁判員制度では、裁判員が裁判官とともに刑事裁判を行い、有罪、無罪及び有罪のときは刑罰の重さを決める。

24 Check □□

次の**A**～**E**のうち、国民所得に関する記述の組み合わせとして、妥当なのはどれか。

A 国内総生産(ＧＤＰ)とは、国内で新たに生産された付加価値の総額であり、国内での総生産額から中間生産物の価額を差し引いたものである。
B 国民総生産(ＧＮＰ)とは、ＧＤＰに海外からの純所得を加え、古い設備を更新するための固定資本減耗を控除した額である。
C 国民所得(ＮＩ)は、生産、分配、支出の三面から捉えることができ、これらの額が等しいことを国民所得の三面等価の原則という。
D 生産国民所得は、第一次産業、第二次産業及び第三次産業の生産額の合計であるが、わが国では第二次産業の占める割合が最も高い。
E 分配国民所得は、雇用者報酬、財産所得及び企業所得の合計であるが、わが国では企業所得の占める割合が最も高い。

1 A C　　2 A D　　3 B C
4 B E　　5 D E

25 Check □□

物質の三態に関する次の文章の空欄**ア〜ウ**に当てはまる語句の組み合わせとして、妥当なのはどれか。

氷に熱を加えると水になるように、固体から液体になる現象を[　ア　]といい、そのときの温度を[　イ　]という。一般に圧力が一定のとき、純粋な物質が[　ア　]をしている間、温度が一定に保たれるのは、外部から吸収する熱がすべて[　ア　]に使われるからであり、[　イ　]で固体を液体にするのに必要な熱を[　ア　]熱といい、[　ア　]熱や蒸発熱を[　ウ　]と呼ぶ。

	ア	イ	ウ
1	沸騰	沸点	顕熱
2	沸騰	融点	顕熱
3	沸騰	融点	潜熱
4	融解	沸点	潜熱
5	融解	融点	潜熱

26 Check □□

地球の内部構造に関する記述として、妥当なのはどれか。

1 地殻は、大陸地殻と海洋地殻とに分けられ、それぞれの岩質は同一であるが、大陸地殻に比べて海洋地殻の方が厚みがある。
2 モホロビチッチ不連続面は、地殻とマントルとの境の面であり、面の地殻側とマントル側とで地震波の伝わる速度は異なる。
3 マントルは、地殻と核との間の層であり、地殻に比べて密度が小さく、その主な成分は鉄である。
4 核は、地下約2900kmで外核と内核とに分けられ、外核は固体、内核は液体である。
5 地球内部の温度は、地下約30kmまでは1km深くなるごとに平均約3℃の割合で高くなるが、その後は地球の中心までほぼ一定である。

Column 1

1問2分30秒で解答!?
試験本番での時間配分を考えよう

東京都庁3類の試験を例にとってみましょう。

教養試験の出題数は45問、制限時間は120分。ということは、単純に制限時間を問題数で割ると1問あたりの解答時間は2分半程度になります。しかし、問題によって解答に時間がかかるものもあれば、1分もかからないものもあります。さらに合格ラインは5割前後といわれているので、すべての問題を解答できる必要はありません。そう考えると必ずしも1問あたり2分半ではないのです。

東京都庁の場合、知識分野が17問、知能分野が28問出題されます。知識分野(日本史、世界史、化学、生物など)は、知っているか否かの問題であるので、**知っている科目であれば1問1分程度で解きます。一方、知らない科目であればすぐパスしましょう。**こうすれば、知識分野の17問は15分程度で終わります。そうして残り105分で知能分野を解きましょう。

この残り105分を知能分野の問題数(28)で割ると、1問あたり3分45秒。とくに、数的推理・判断推理に自信がない人ほど文章理解で何としても正解を出したくなり、文章理解に時間をかけすぎる傾向があります。しかし、ここで時間を使いすぎると、時間のかかる数的推理や判断推理にかけられる時間が少なくなってしまいます。

そのため、文章理解は1問2分くらいのペースで解答するように心がけましょう。つまり、文章理解8問を16分で解ければ、残り89分を使って数的推理・判断推理・図形・資料解釈の20問を解くことができるのです。単純計算で1問あたり4分半です。

しかし、ここでも難しそうな問題、複雑で時間がかかりそうな問題をパスすれば、さらに1問にかけられる時間は増えます。となると、**1問あたり5分程度かけられる場合も出てくるのです。**

これは机上の空論ではありますが、単純に「1問あたり2分半」ではないことはわかったと思います。人それぞれ得意不得意が異なるので、どういった時間配分で解いていくか、どういう順番で解くかを決めてから試験本番に臨みましょう。いつも「No. 1(1問目)」から解答しなければいけないわけではありません。

第2章
総まとめ 知能編

判断推理

1 試合

解くときのルール

リーグ戦(総当たり戦)では、対戦表を作成する。

(例) A～Dの４チームがリーグ戦を行った場合

・AはCに勝った
・Bは２勝１敗だった

対戦相手

	A	B	C	D	
A	＼		○		
B		＼			２勝１敗
C	×		＼		
D				＼	

AはCに勝ったので○を記入する。

つまりCはAに負けたので、
こっちには×を記入する。

「同順位がなく、引き分けがない」という条件があれば、以下のようになる。
・３勝０敗……１位
・２勝１敗……２位
・１勝２敗……３位
・０勝３敗……４位

この問題を解いてみよう1

A～Fの6人が総当たり形式で剣道の試合を行った結果、以下のことがわかっている。このとき、4位は誰か。

ア 引き分けの試合はなかった。
イ 勝ち数によって順位をつけたところ、同じ順位の者はいなかった。
ウ AはBに勝った。
エ BはDに勝ち、3位だった。
オ CはAに負けた。
カ DはEに勝った。
キ EはFに勝った。
ク FはCに負けた。

1 A　**2** B　**3** C　**4** D　**5** E

解説

対戦表を作成する。**ウ**より「AはBに勝った」のだから、①に○、②に×を記入する。同様に**エ**～**ク**を記入すると、下図のとおりになる。

(i)

	A	B	C	D	E	F	
A	＼	①○	○				
B	②×	＼		○			3位
C	×		＼			○	
D		×		＼	○		
E				×	＼	○	
F			×		×	＼	

アと**イ**の条件より、A～Fの勝ち数、負け数は次のようになる。

順位	勝ち数	負け数
1位	5	0
2位	4	1
3位	3	2
4位	2	3
5位	1	4
6位	0	5

(ⅰ)を見て、5勝0敗になり得る人を探すとAしかいない。なぜなら、B～Fはすでに×が入っているためである。
また、F以外は○が1つ以上入っているので、0勝5敗になりうる人はFしかいない。
そこで、Aが5勝0敗、Fが0勝5敗と決まるので、(ⅰ)に記入する。

(ⅱ)

	A	B	C	D	E	F	
A	＼	○	○	○	○	○	5勝0敗→1位
B	×	＼		○		○	3位
C	×		＼			○	
D	×	×		＼	○	○	
E	×			×	＼	○	
F	×	×	×	×	×	＼	0勝5敗→6位

記入した後の(ⅱ)を見て、4勝1敗(2位)になり得る人を探すとCしかいない。なぜなら、Bは3位(3勝2敗)という条件があり、DとEにはすでに×が2つ入っているためである。
(ⅰ)でCの1敗はAとの対戦によるものと決まっているので、それ以外は勝っており、○を記入する。

(ⅲ)

	A	B	C	D	E	F	
A	＼	○	○	○	○	○	5勝0敗→1位
B	×	＼	×	○		○	
C	×	○	＼	○	○	○	4勝1敗→2位
D	×	×	×	＼	○	○	2勝3敗→4位
E	×		×	×	＼	○	
F	×	×	×	×	×	＼	0勝5敗→6位

(ⅲ)より、Dが2勝3敗で4位と決まる。

答 **4**

この問題を解いてみよう２

Ａ～Ｈの８人がトーナメント戦で、将棋の対戦を行った。ＥはＢに勝った。ＣはＧに勝った。ＤはＥに勝った。Ｆは準優勝であった。Ｄが１回戦で対戦した相手は誰か。

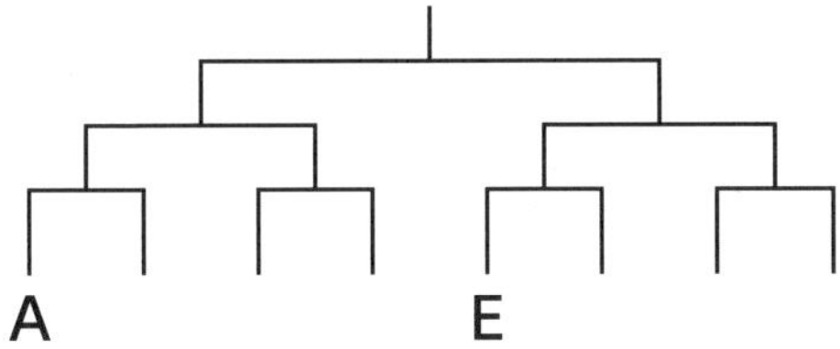

解説

問題文よりＥはＢに勝ったがＤに負けており、それは決勝戦ではない。なぜなら、決勝戦で負けたのはＦであるからである。よって、Ｅは１回戦でＢと戦い、２回戦でＤに負けたとわかる。

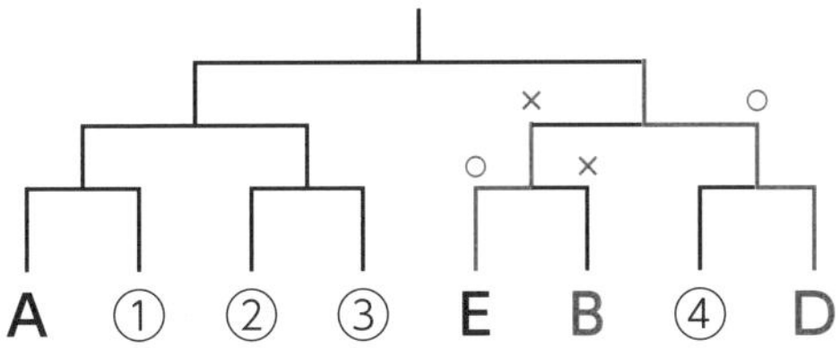

Ｆが準優勝ゆえ、決勝戦ではＤが勝ったことがわかる。つまり、Ｆは図左側の３箇所(①②③)のどこかだとわかる。また、ＣとＧが対戦するのは、②③のところしかないことがわかる。

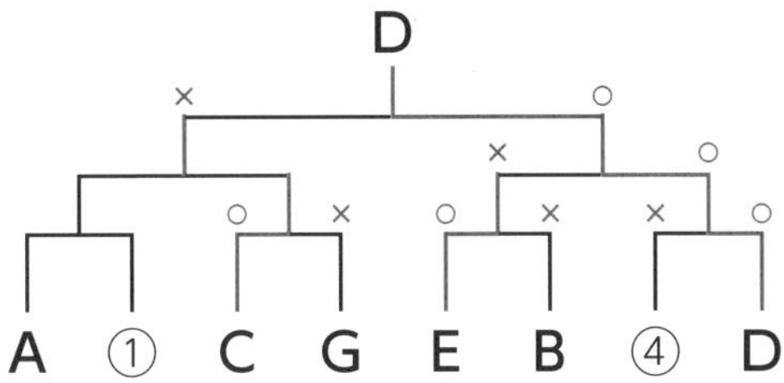

すると、Ｆが①と決まる。④は残ったＨとなる。よって、Ｄの１回戦の相手はＨとなる。

答 H

2
判断推理

集合(キャロル表)

解くときのルール

男か女か、文系か理系か、数学が得意か苦手かという必ずどちらか一方に分類される要素３つによって整理する集合問題では、キャロル表を利用する。

キャロル表の書き方

全体を①縦２つに区分して左側・右側、②横２つに区分して上側・下側、③中に囲み枠を作り、その内側・外側で整理する。

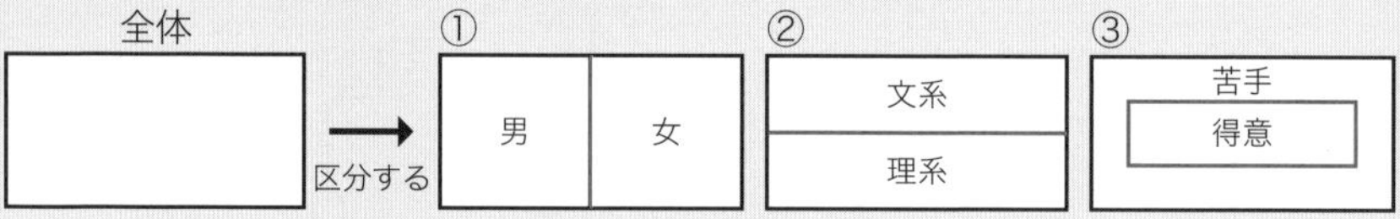

この３つを重ね合わせて、８つの区分にする。

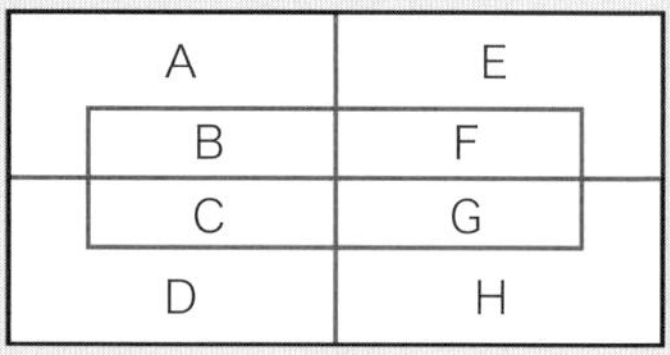

それぞれの領域の意味は次のとおり。
A：男・文系・苦手　E：女・文系・苦手
B：男・文系・得意　F：女・文系・得意
C：男・理系・得意　G：女・理系・得意
D：男・理系・苦手　H：女・理系・苦手

この問題を解いてみよう

大学進学を希望する高校生100名にアンケートをした。

①数学が得意と答えた男子学生は32名
②文系志望のうち、数学を得意とする男子学生は17名
③理系志望の女子学生は30名
④数学を苦手とする学生のうち、理系の男子学生と文系の女子学生の人数の合計は23名
⑤数学を得意とする文系の学生は、男子学生より女子学生のほうが3名多い。

この結果について、キャロル表を作成しなさい。

解説

以下のように整理して、キャロル表を作成する。

・男と女を、縦軸の左側と右側
・文系と理系を、横軸の上側と下側
・数学が得意か苦手かを、枠の内側と外側

左ページの領域で示すと、

①：BとC
②：B
③：GとH
④：DとE
⑤：F＝B＋3　ゆえ、数学を得意とする文系の女子学生は
　17＋3＝ 20(名)とわかる。

判断推理

3 命題

解くときのルール

1 対偶も真

p → q が真のとき、$\overline{q}$ → $\overline{p}$ も真となる。

2 三段論法

p → q 、q → r のとき、p → r となる。

3 ド・モルガンの法則

$\overline{p \land q}$ は $\overline{p} \lor \overline{q}$ とおきかえる。

・p∧q全体を否定するバーを、pとqのそれぞれを否定するバーにする。
・pとqの間の記号を∧から∨に向きを変える。

$\overline{p \lor q}$ は $\overline{p} \land \overline{q}$ とおきかえる。

・p∨q全体を否定するバーを、pとqのそれぞれを否定するバーにする。
・pとqの間の記号を∨から∧に向きを変える。

この問題を解いてみよう

好きな飲み物を調べたところ、次のことがわかった。
①ウーロン茶が好きな生徒は、オレンジジュースが好きである。
②紅茶が好きな生徒は、ウーロン茶が好きである。
③コーヒーが好きでない生徒は、紅茶が好きであり、かつオレンジジュースが好きである。
④緑茶が好きな生徒は、コーヒーは好きではない。

以上から判断して「ウーロン茶が好きでない生徒は、緑茶が好きではない」といえるか。

解説

①～④の条件を記号化する。ルール**1**より p → q のとき$\overline{\text{q}}$ → $\overline{\text{p}}$も成立するので、書いておく。
それぞれ、ウーロン茶をウ、オレンジジュースをオ、紅茶を紅、コーヒーをコ、緑茶を緑で表す。

①ウ → オ　①’$\overline{\text{オ}}$ → $\overline{\text{ウ}}$

②紅 → ウ　②’$\overline{\text{ウ}}$ → $\overline{\text{紅}}$

③$\overline{\text{コ}}$ → 紅∧オ　③’$\overline{\text{紅∧オ}}$ → $\overline{\overline{\text{コ}}}$　③’は次のように書き直す。　③”$\overline{\text{紅}}$∨$\overline{\text{オ}}$ → コ

④緑 → $\overline{\text{コ}}$　④’$\overline{\overline{\text{コ}}}$ → $\overline{\text{緑}}$　④’は次のように書き直す。　④”コ → $\overline{\text{緑}}$

ド・モルガンの法則により
二重否定は肯定のこと

②’より、$\overline{\text{ウ}}$ → $\overline{\text{紅}}$

③”より、$\overline{\text{紅}}$∨$\overline{\text{オ}}$ → コ
この式の意味は、記号をそのまま読んでいくと、「紅茶が好きでない生徒またはオレンジジュースが好きでない生徒は、コーヒーが好き」と読める。したがって、次のように書き直すことができる。

③”’$\overline{\text{紅}}$ → コ　または、③””$\overline{\text{オ}}$ → コ

④”より、コ → $\overline{\text{緑}}$

②’、③”’、④”を三段論法でつなげると、次のようになる。

②’　③”’　④”
$\overline{\text{ウ}}$ → $\overline{\text{紅}}$　$\overline{\text{紅}}$ → コ　コ → $\overline{\text{緑}}$
$\overline{\text{ウ}}$ ――――――――→ $\overline{\text{緑}}$

よって、「ウーロン茶が好きでない生徒は、緑茶が好きでない」といえる。

答　正しい

4 判断推理

暗号

解くときのルール

1 原文と暗号の文字の対応関係を調べる。
文字と暗号の数が合わないときは、ローマ字や英語に変換してみる

（例） 原文：ねこ

暗号： ○ △ → ね こ　○ △ □ → c a t　○ △ □ ☆ → n e k o

2 「かな」であれば50音表、「英字」であればアルファベット表の中で、規則性を探す

（例） 原文：アフリカ　暗号： 1a 6c 9b 2a → ア フ リ カ

対応する暗号を50音表に書き入れ、表中の規則性を考える。

	ア	カ	サ	タ	ナ	ハ	マ	ヤ	ラ	ワ
ア	1a	2a								
イ									9b	
ウ						6c				
エ										
オ										

縦軸のア、イ、ウ、エ、オがa、b、c、d、e、
横軸のア、カ、サ、タ……が1、2、3……10という
規則で並んでいると推理できる。

この問題を解いてみよう

ある暗号の規則に従うと、「神奈川」は「1101140107012301」、「青森」は「011513151809」と表される。この規則に従って、「世田谷」はどう表すか。

解説

原文と暗号の対応関係を調べるために、漢字のままだと数が合わず、うまく対応しないので、原文をローマ字に変換してみる。

神奈川　→　ＫＡＮＡＧＡＷＡ：８文字
青森　　→　ＡＯＭＯＲＩ：６文字

ローマ字と暗号を対応させると、ローマ字の１文字と暗号２文字が対応していることがわかる。

11	01	14	01	07	01	23	01
K	A	N	A	G	A	W	A

01	15	13	15	18	09
A	O	M	O	R	I

対応関係に規則性がないかを調べるため、アルファベット表に当てはめる。

A	B	C	D	E	F	G	H	I	J	K	L	M
01						07		09		11		13
N	O	P	Q	R	S	T	U	V	W	X	Y	Z
14	15			18					23			

上記のように考えると、Ａ～Ｚが01～26とわかる。
よって、「世田谷」は「ＳＥＴＡＧＡＹＡ」ゆえ、1905200107012501となる。

答 1905200107012501

判断推理

5 軌跡

解くときのルール

1 四角形が直線上をすべることなく、右に回転していくときのPの軌跡の書き方

①回転させて次に止まる位置の図を書き、新しい図におけるPを探し、P_1とする。

回転させたときの回転の中心となった点をO_1とする。

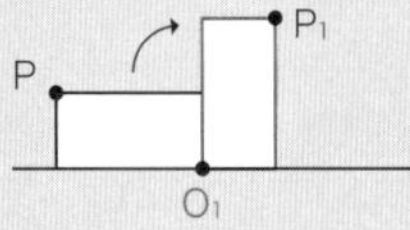

②O_1とP、O_1とP_1をそれぞれ直線で結ぶ。

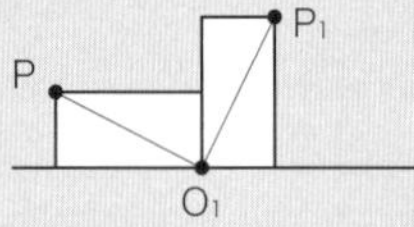

③中心をO_1、半径をO_1P、O_1P_1とする円弧を書く。この円弧が軌跡である。

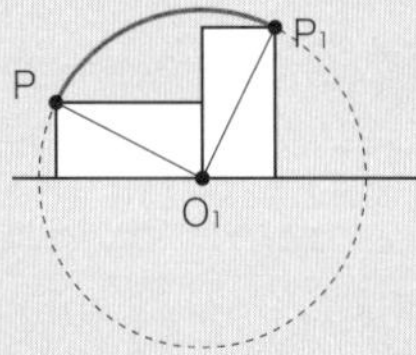

④さらに四角形を回転させて、軌跡を書き進める。

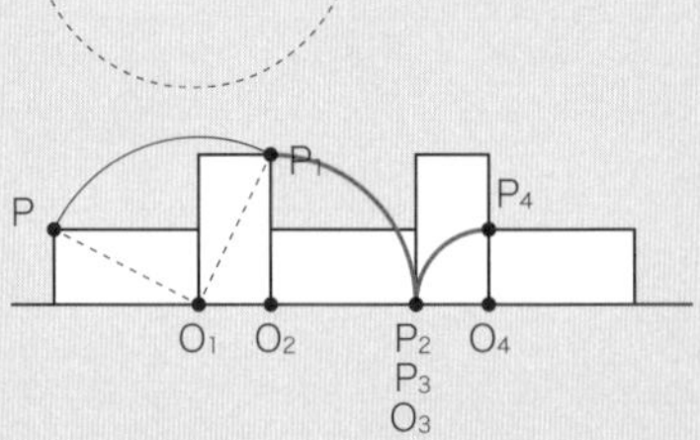

2 1つ軌跡を書いたら選択肢をチェックして、誤りと判断できる選択肢を消去していく

この問題を解いてみよう

右図の長方形を、すべることなく右に向かって回転するときの頂点Pの軌跡を書きなさい。

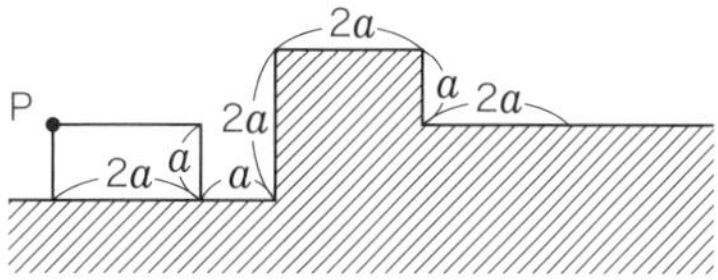

解説

長方形の回転とそのときの軌跡は、次の①～⑤である。

①
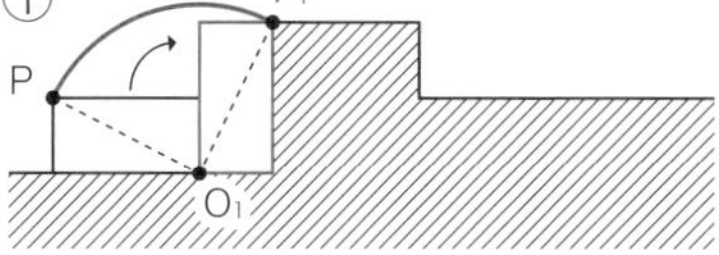

②
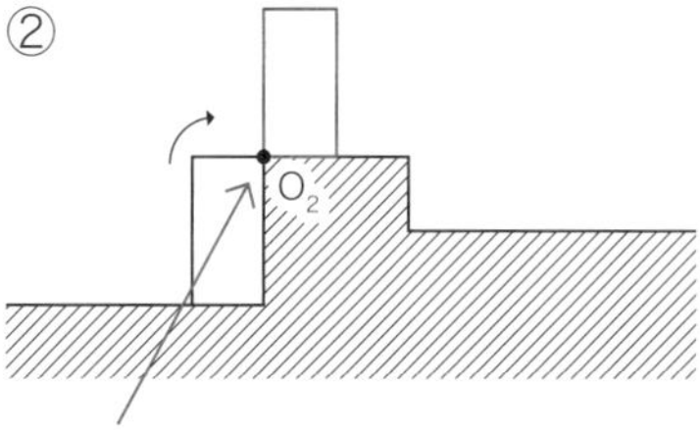

③
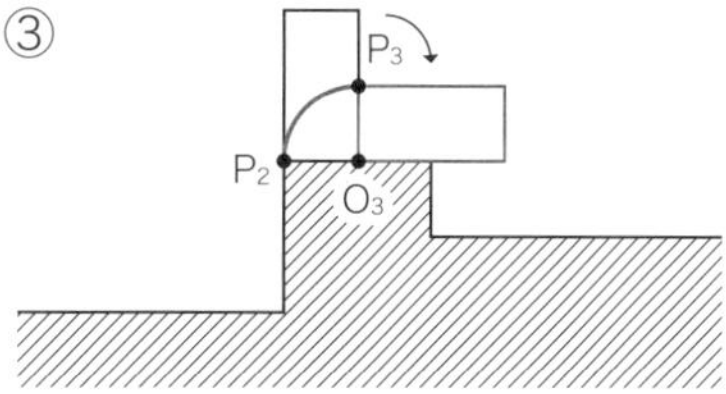

このとき回転の中心O$_2$が、①のときのPの位置であるP$_1$と一致(P$_2$)。
つまり、O$_2$＝P$_1$＝P$_2$となる。

④
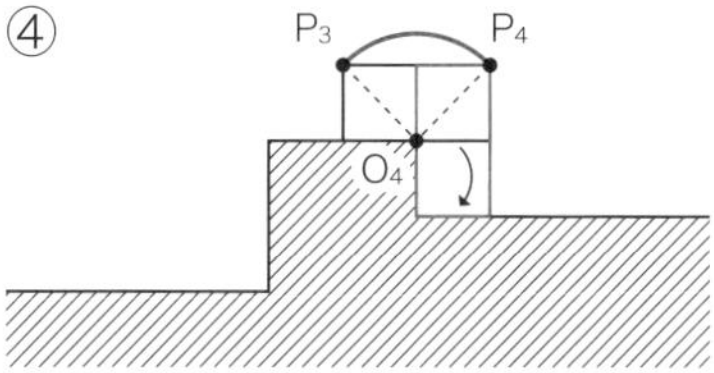

⑤
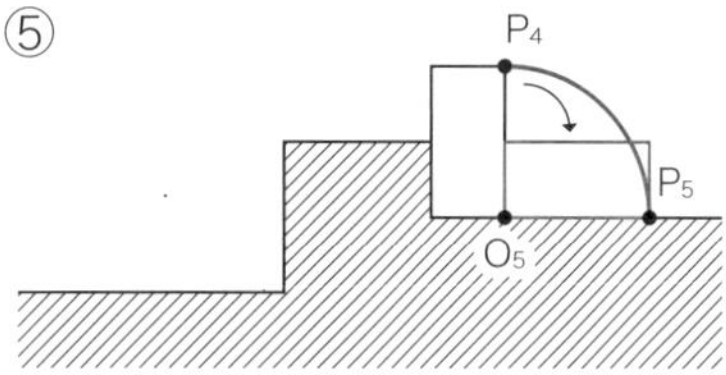

以上の①～⑤をまとめると下図のとおりになる。

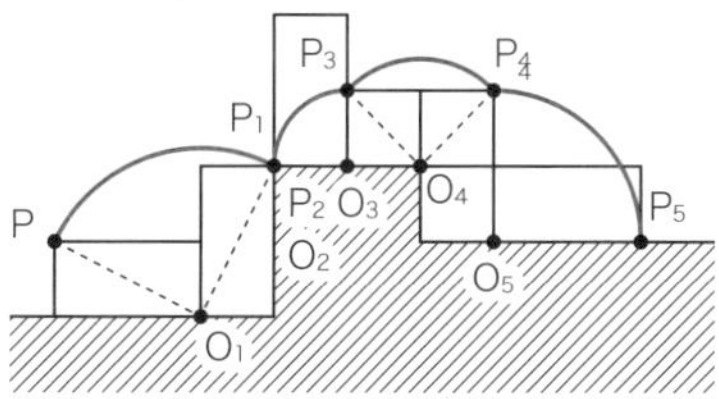

6 サイコロの問題

判断推理

解くときのルール

1 サイコロを転がすとき 真上から見た図を描いて転がすと良い

・真上から見た図（平面サイコロ）

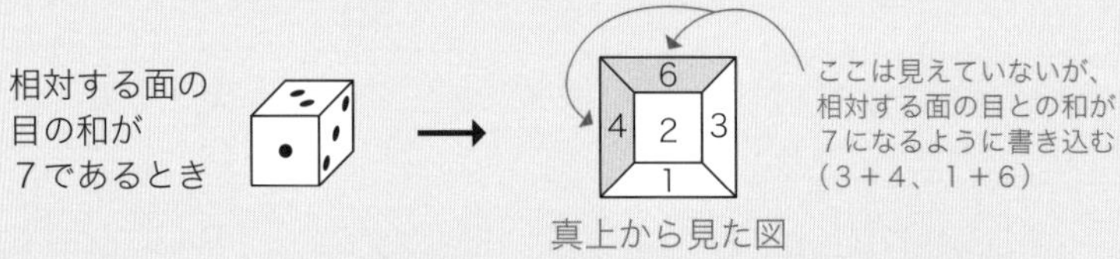

・転がしたときの真上から見た図

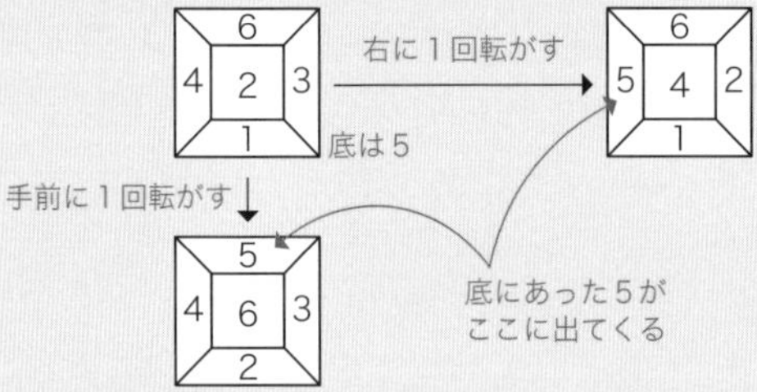

2 サイコロの展開図 面を90°回転させて動かすことができる

・展開図の基本形

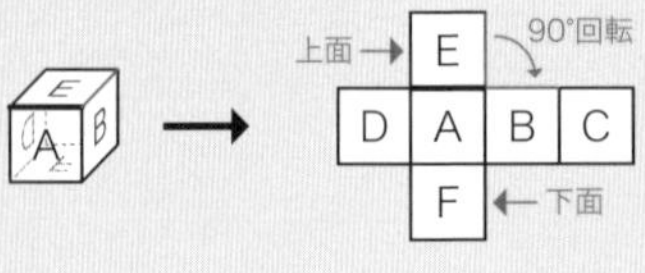

・面の動かし方

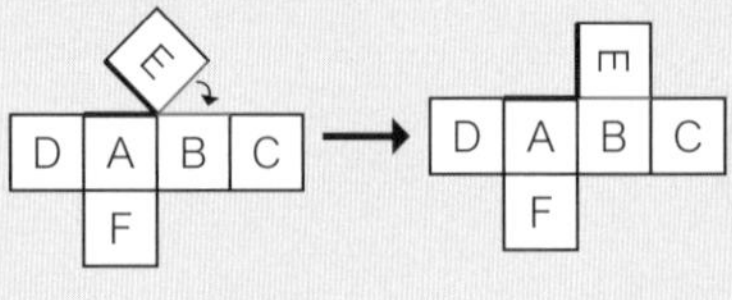

この問題を解いてみよう

下図の展開図を数字が外側になるように組み立てたとき、3を上にして真上から見たサイコロの目を書きなさい。

❶

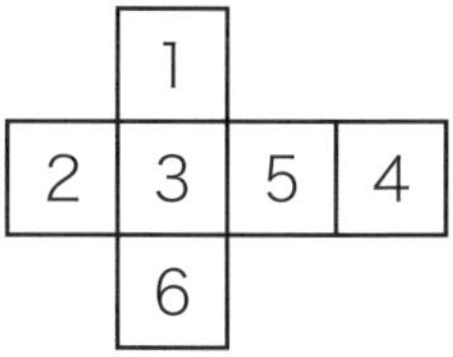

❷

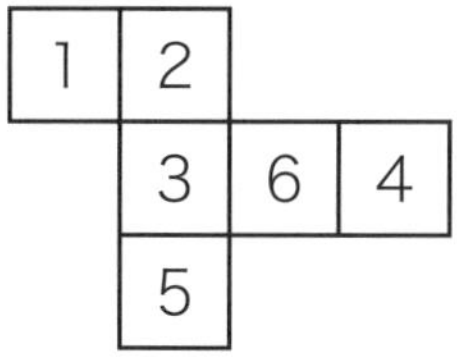

解説

❶ 展開図の基本形に、問題の図を当てはめる。

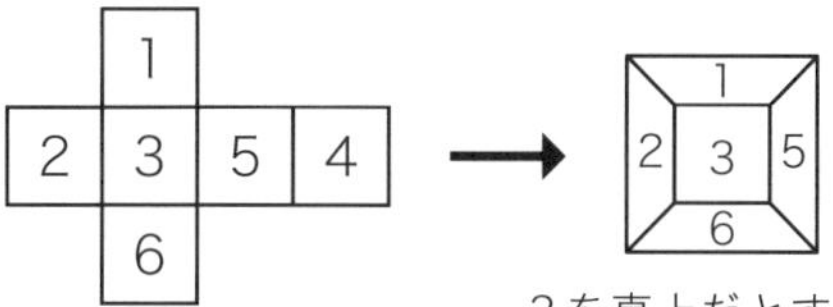

3を真上だとすると
上のようになる。

❷ 展開図を変形させて、基本形にそろえると下図のとおりになる。

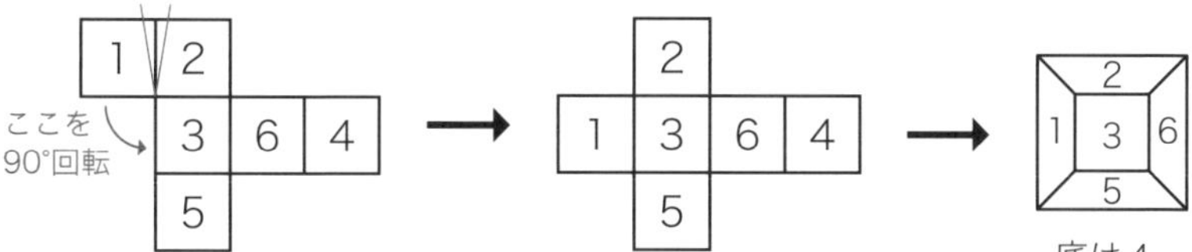

底は4。

7 正多面体

判断推理

解くときのルール

正多面体には、正四面体、正六面体、正八面体、正十二面体、正二十面体の５種類しかない

覚えておくポイントは、
①展開図の基本形
②展開図で各ピースを動かせる角度
　・正四面体……180°　・正六面体……90°
　・正八面体……120°

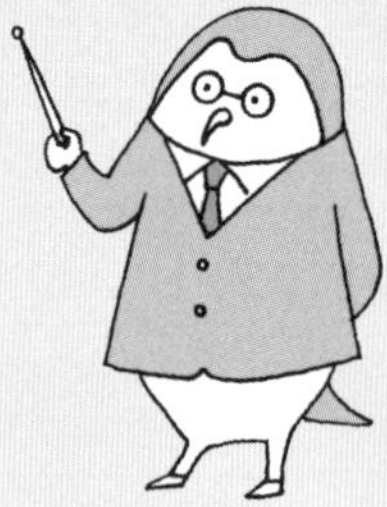

1 正四面体の特徴と展開図

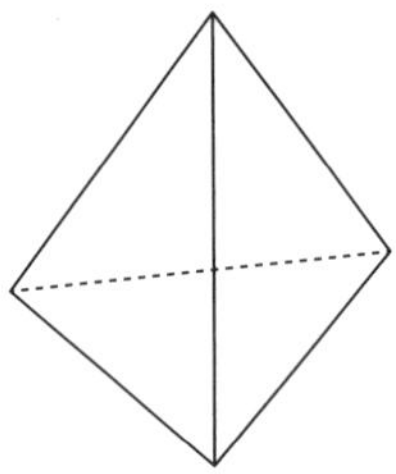

・面の数……４面
・面の形……正三角形
・頂点の数……４個

〈展開図〉

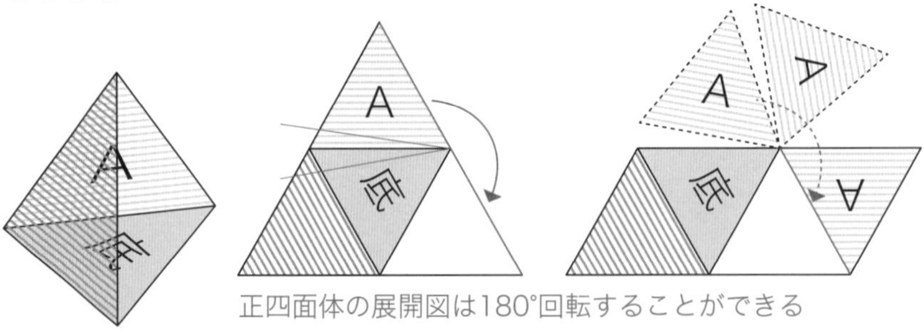

正四面体の展開図は180°回転することができる

2 正六面体の特徴と展開図

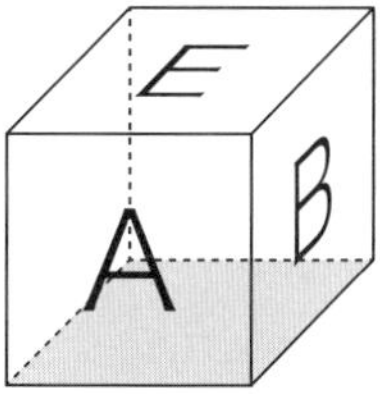

- 面の数……6面
- 面の形……正方形
- 頂点の数……8個

〈展開図〉

90°回転することができる

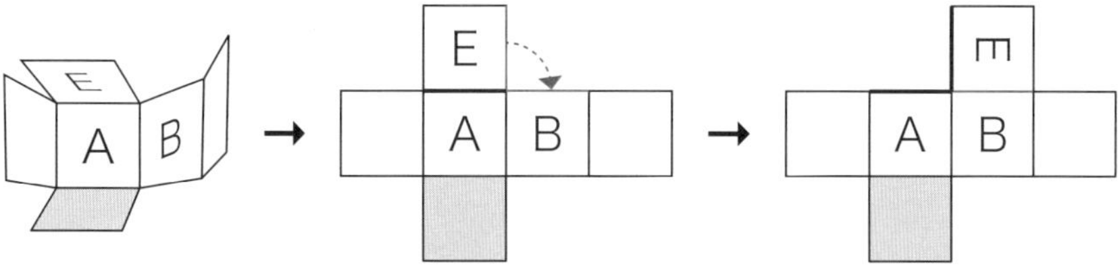

3 正八面体の特徴と展開図

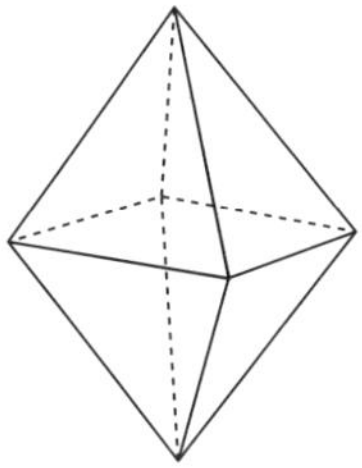

- 面の数……8面
- 面の形……正三角形
- 頂点の数……6個

ここをつなげれば
上の部分ができあがる

〈展開図〉

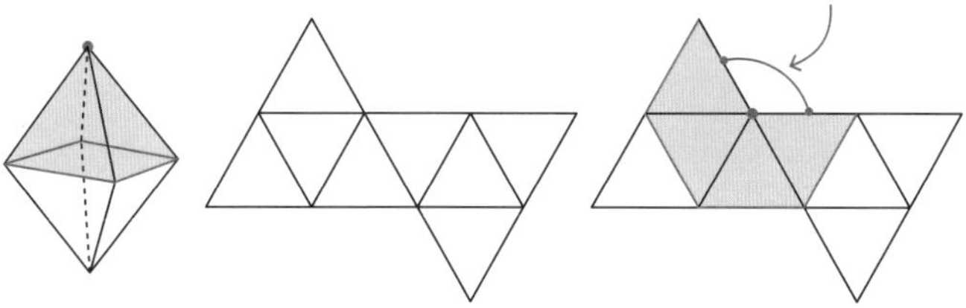

この部分に切り込みを入れることで、 の部分をくっつけることができる

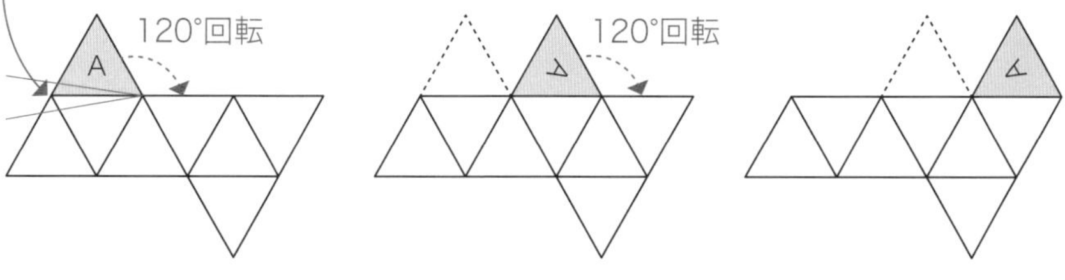

8 一筆書き・折り紙

判断推理

解くときのルール

1 一筆書きができるのは、
奇点の数が0個または2個の図のみである

(例)

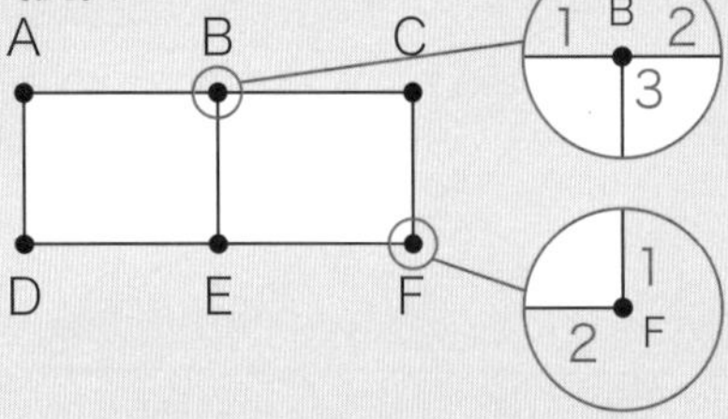

点Bからは3本(奇数本)の直線が出ているので、奇点

点Fからは2本(偶数本)の直線が出ているので、偶点

→この図は奇点が点B、点Eの2個なので、一筆書きができる。

2 折り紙を開くときのポイント

①1つ前の図を描く
②折った線を軸として、線対称の図を描く

この問題を解いてみよう1

次の図で一筆書きができるか答えなさい。

❶

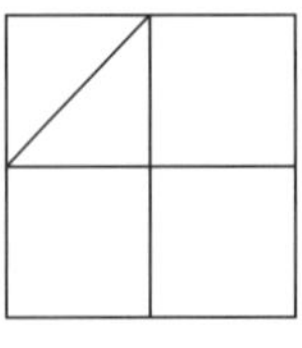

❷

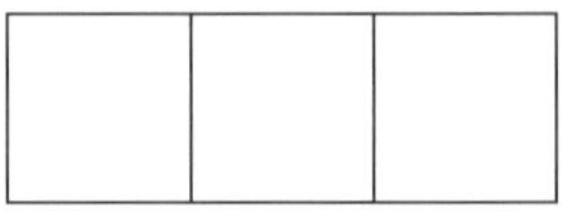

解説

❶ 各点から出る直線の数は、下図のとおりである。

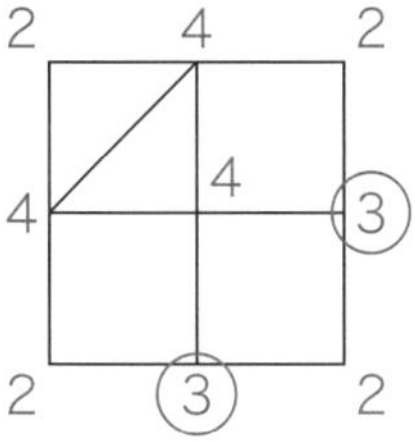

この図は奇点が
２個なので、
一筆書きができる

答 できる

❷ 各点から出る直線の数は、下図のとおりである。

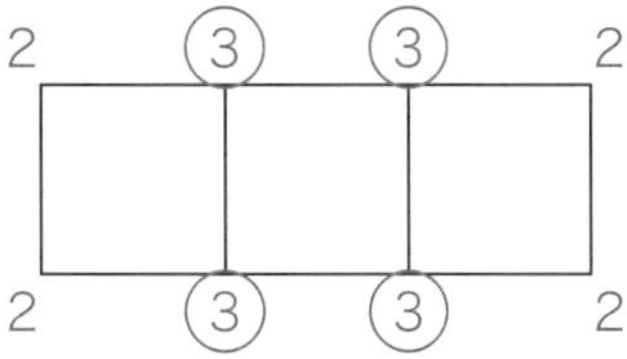

この図は奇点が
４個なので、
一筆書きができない

答 できない

この問題を解いてみよう２

下図のように、正方形の紙を点線に従って折り、黒色で示した部分を切り落として、残りの部分をもとのように開いた図を書きなさい。

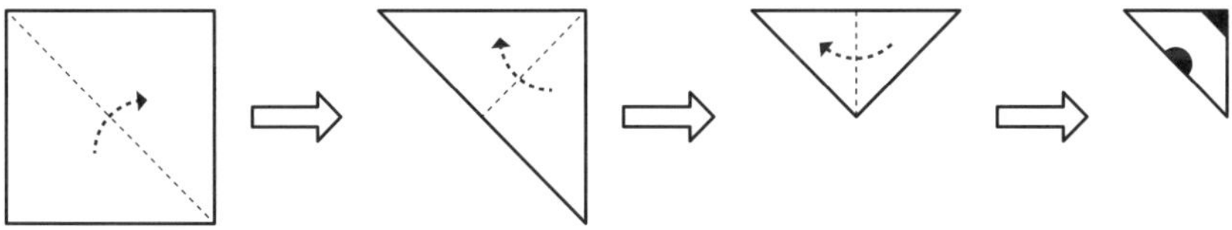

解説

最後の図から順番に、１つ前の図に開く。その際は折った線を軸に、線対称の図を描く。下図のとおりになる。

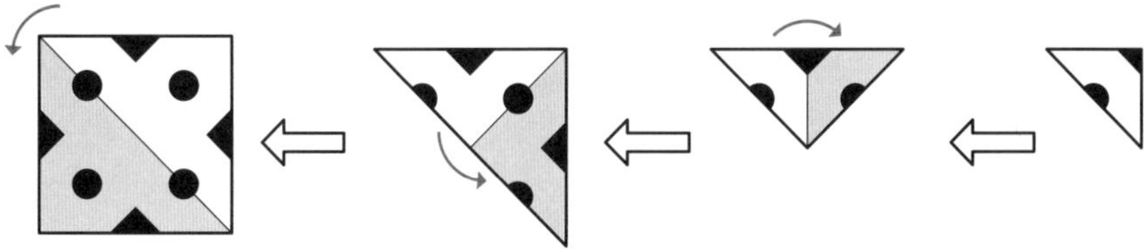

9 虫食い算

数的推理

解くときのルール

1 通常の計算の順番どおりに見ていく

2 複数の可能性があるときは場合分けして検討する

チェックするポイント
足し算……繰り上がりの数
掛け算……桁数

（例）

```
   A B C
 ×     4
 ―――――――
 □ D E F
```

ここに記号がないから２桁にはならない

４×Ａの計算結果は２桁になっていないので、Ａは３以上にはならない。
よって、Ａ＝１か２に絞り込める。

この問題を解いてみよう

Ｘ、Ｙ、Ｚは１～９までのそれぞれ異なる自然数である。次の計算式が成り立っているとき、Ｘ＋Ｙ＋Ｚはいくつか。

```
   X  Y  Z
   X  Y  Z
+  X  Y  Z
―――――――――
   Z  Z  Z
```

1 11　　**2** 12　　**3** 13　　**4** 14　　**5** 15

解説

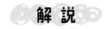

通常の計算どおり、一の位から見ていく。

$$\begin{array}{cccc} & X & Y & Z \\ & X & Y & Z \\ + & X & Y & Z \\ \hline & Z & Z & Z \end{array}$$

①Z＋Z＋Zで算出される数値について、
一の位がZと同じとなるものを探す。
Z＝1の場合　1＋1＋1＝3
Z＝2の場合　2＋2＋2＝6
Z＝3の場合　3＋3＋3＝9
Z＝4の場合　4＋4＋4＝12
Z＝5の場合　5＋5＋5＝15
Z＝6、7、8、9と同様に調べても、
一の位がZになるものはない。
以上より、Z＝5とわかる。
よって、十の位に1が繰り上がる。

$$\begin{array}{cccc} & X & Y & 5 \\ & X & Y & 5 \\ + & X & Y & 5 \\ \hline & 5 & 5^{1} & 5 \end{array}$$

繰り上がりの1

②Y＋Y＋Y＋1で算出される数値について、一の位が5であるから、Y＋Y＋Yの一の位が4となるものを探す。
Y＝1の場合　1＋1＋1＝3
Y＝2の場合　2＋2＋2＝6
⋮　⋮
Y＝8の場合　8＋8＋8＝24
⋮
以上より、Y＝8とわかる。
よって、百の位に2が繰り上がる。

$$\begin{array}{cccc} & X & 8 & 5 \\ & X & 8 & 5 \\ + & X & 8 & 5 \\ \hline & 5^{2} & 5 & 5 \end{array}$$

繰り上がりの2

③X＋X＋X＋2＝5ゆえ、X＋X＋X＝3となる数値を探す。
X＝1の場合　1＋1＋1＝3
⋮
以上より、X＝1とわかる。

①〜③より、X＋Y＋Z＝1＋8＋5＝14

答 4

10 数的推理

魔方陣

解くときのルール

1 等しくなる縦・横・対角線の和を求める

（1列の和）＝（マス目に入る数字のすべての和）÷（列の数）

2 1～16までの整数を1個ずつ使う4×4の方陣の場合

中心について対称の位置にある2つの数字の和は17になる

（例）

16	5	2	11
3	10	13	8
9	4	7	14
6	15	12	1

・16＋1＝17
・10＋7＝17
・5＋12＝17
・13＋4＝17
・2＋15＝17
⋮

この問題を解いてみよう

右図は1～16のそれぞれ異なる整数を、縦、横、対角線の和がいずれも等しくなるようにマス目に入れた一部を示したものである。A、Bにそれぞれ当てはまる整数の和として、正しいのはどれか。

4		15	
A			8
	7		
	2	3	B

1　17　　**2**　18　　**3**　19　　**4**　20　　**5**　21

解説

4×4の方陣であるから、中心について対称の位置にある2つの数字の和が17になるように、数字を入れる。

④	△C	15	
A		◇D	▽8
▽E	◇7		
	2	△3	Ⓑ

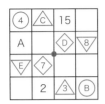

- ④＋Ⓑ＝17 ⇒ B＝13
- △C＋△3＝17 ⇒ C＝14
- ◇D＋◇7＝17 ⇒ D＝10
- ▽8＋▽E＝17 ⇒ E＝9

ここまでをまとめると、下図のとおりになる。

4	14	15	
A		10	8
9	7		
○	2	3	13

この方陣の縦、横、対角線のそれぞれの1列の和を求める。
まず、1～16の整数の和を求める。

$$1+2+3+\cdots\cdots+15+16=\frac{(1+16)\times 16}{2}=17\times 8$$

これを4で割ると、17×8÷4＝34
よって、1列の和は34とわかる。

等差数列の和の公式

a_1、a_2、a_3、……、a_{n-1}、a_nの等差数列の和

$$\Rightarrow \frac{(\underset{\text{初項}}{a_1}+\underset{\text{末項}}{a_n})\times \underset{\text{いくつあるか}}{n}}{2}$$

本問の場合、1～16までの数の和なので、

$$1+2+3+\cdots\cdots+15+16=\frac{(\underset{\text{初項}}{1}+\underset{\text{末項}}{16})\times \underset{\text{全部で16個}}{16}}{2}$$
$$=17\times 8=136$$

方陣の最下段は、○＋2＋3＋13＝34ゆえ、○＝16とわかる。
よって、最左端の縦は、4＋A＋9＋16＝34ゆえ、A＝5とわかる。
以上より、A＝5、B＝13ゆえ、A＋B＝5＋13＝18となる。

答 2

11 数的推理

約数の個数

解くときのルール

1 素因数分解をする

素因数分解とは素数に分解すること。
素数とは、これ以上分解できない数のこと。
1は素数ではない。

（例）2、3、5、7、11、13は素数
8は2×4や2×2×2に分解できるので素数ではない

2 それぞれの素数の個数に1を加えてかけあわせる

この問題を解いてみよう1

504の約数の個数として正しいのはどれか。

1　12個　**2**　15個　**3**　20個　**4**　24個　**5**　30個

解説

504を素因数分解する。

```
2 ) 504
2 ) 252
2 ) 126
3 )  63
3 )  21
      7
```

$504 = 2^3 \times 3^2 \times 7$となる。
素数の「2」が3個、「3」が2個、「7」が1個である。
それぞれの個数に1を加えて、それらをかけあわせた値が、約数の個数となる。

$(\underset{2の個数}{\underline{3}} + 1) \times (\underset{3の個数}{\underline{2}} + 1) \times (\underset{7の個数}{\underline{1}} + 1) = 4 \times 3 \times 2 = 24$

よって、約数の個数は24個である。

答 4

この問題を解いてみよう2

1260の約数の個数として正しいのはどれか。

1　12個　**2**　24個　**3**　36個　**4**　48個　**5**　60個

解説

1260を素因数分解する。

```
2 ) 1260
2 )  630
3 )  315
3 )  105
5 )   35
       7
```

$1260 = 2^2 \times 3^2 \times 5 \times 7$となる。
素数の「2」が2個、「3」が2個、「5」が1個、「7」が1個である。
それぞれの個数に1を加えて、それらをかけあわせた値が、約数の個数となる。

$(\underset{2の個数}{\underline{2}} + 1) \times (\underset{3の個数}{\underline{2}} + 1) \times (\underset{5の個数}{\underline{1}} + 1) \times (\underset{7の個数}{\underline{1}} + 1) = 3 \times 3 \times 2 \times 2 = 36$

よって、約数の個数は36個である。

答 3

12
数的推理

商と余りの問題

解くときのルール

1 「余り」を式に取り込む

$x \div a = b$ 余り c ⇒ $x = a \times b + c$

（例）16 ÷ 5 = 3 余り 1 ⇒ 16 = 5 × 3 + 1

2 掛け算の項を作って公倍数を探す

この問題を解いてみよう 1

６で割っても７で割っても３余る２桁の自然数のうち、最も小さい数の各位の数字の和はどれか。

1 6　**2** 7　**3** 8　**4** 9　**5** 10

解説

求める自然数をxとおく。問題文から、
$x \div 6 = a$ 余り 3 ……①
$x \div 7 = b$ 余り 3 ……②

aとbは商だから整数。
６で割るのと７で割るのでは商は
当然異なってくる。

「余り」を式に取り込む。
①は、$x = 6a + 3$ ……①´
②は、$x = 7b + 3$ ……②´
次に、①´と②´の右辺の「＋３」を左辺に移項する。

①´は、$x-3=6a$ ……①″
②´は、$x-3=7b$ ……②″

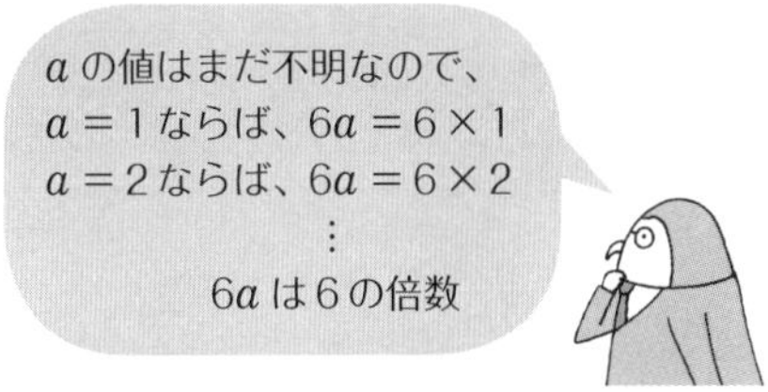

a の値はまだ不明なので、
$a=1$ ならば、$6a=6\times1$
$a=2$ ならば、$6a=6\times2$
⋮
$6a$ は6の倍数

$x-3$ は、①″より6の倍数、②″より7の倍数であり、つまり6と7の公倍数。条件より「最も小さい数」なので、$x-3$ は6と7の最小公倍数42とわかる。
よって、$x-3=42$ ⇒ $x=45$
したがって、各位の数字の和は、$4+5=9$ である。

答 4

この問題を解いてみよう2

5で割ると3余り、6で割ると4余る自然数のうち、最も小さい数を求めなさい。

解説

求める自然数を x とおく。問題文から、
$x=5a+3$ ……①
$x=6b+4$ ……②

両辺に2を足すと、
①は、$x+2=5a+3+2=5a+5=5(a+1)$ ……①´
②は、$x+2=6b+4+2=6b+6=6(b+1)$ ……②´
①´と②´から、$x+2$ は5と6の最小公倍数30とわかる。
よって、$x+2=30$ ゆえ、$x=28$

答 28

公倍数がわかるように変形するために、両辺に2を足したのである。
いつも2を足せば良いわけではないことに注意。
(例) 5で割ると1余り、7で割ると3余る自然数 x の場合
$x\div5=a$ 余り1 ⇒ $x=5a+1$ ⇒ $x+4=5a+1+4=5(a+1)$
$x\div7=b$ 余り3 ⇒ $x=7b+3$ ⇒ $x+4=7b+3+4=7(b+1)$
（両辺に4を足す）

13
数的推理

売買と割合

解くときのルール

1 原価(仕入値) ＋ 利益 ＝ 定価

2 定価 − 割引額 ＝ 売価

3 総売上額 − 仕入費用 ＝ 利益

4 割引の計算

（例）・定価3000円の２割引で売る場合
3000 − 3000×0.2 ＝ 2400(円)
・「定価の２割引で売る」ということは、
「定価の８割で売る」ということ

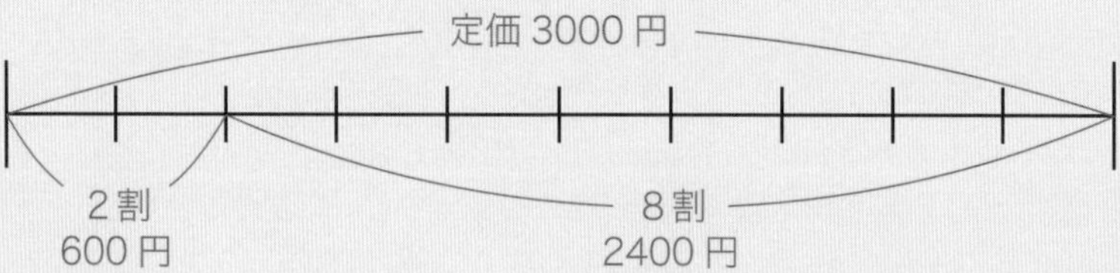

下の関係をしっかり
覚えておこう

・10割＝１＝100％
・５割＝0.5＝50％
・１割＝0.1＝10％

この問題を解いてみよう

ある商品を60個仕入れ、定価1個600円で売ったところ40個しか売れなかったので、1割引で残りの20個を売り切ったら、合計の利益が6000円であった。この商品1個あたりの仕入れ額はいくらか。

1　400円　　**2**　420円　　**3**　440円
4　460円　　**5**　480円

解説

1個あたりの仕入値をx円とおく。
定価600円の1割引は、600－600×0.1＝540(円)
問題文でわかっていることを整理すると、
・定価600円で40個売れた　⇒　600×40＝24000(円)
・定価の1割引で20個売れた　⇒　540×20＝10800(円)
・仕入費用は、1個x円のものを60個仕入れたので、x×60＝60x(円)
・利益は、6000円

以上から、総売上額－仕入費用＝利益の式を立てる。

定価で売った分　1割引で売った分　仕入れ費用　利益

$$(24000 + 10800) - 60x = 6000$$
$$34800 - 6000 = 60x$$
$$28800 = 60x$$
$$x = 480$$

よって、1個あたりの仕入れ額は480円である。

答 5

「定価600円の2割引」の場合、基本的には、
600－600×0.2＝600－120＝480(円)
で計算するが、2割引ということは「8割で売った」ということなので、
600×0.8＝480(円)
で計算するほうが、簡単で早いのでオススメ。

14 n進法

数的推理

解くときのルール

1 10進法をn進法で表す

nで次々と割って、n未満となるときの最後の商とそれまでの余りの数字を、最後から順番に書く。

(例) 10進法の14を2進法で表す
2で次々と割って、2未満となるときの最後の商とそれまでの余りの数字を最後から順番に書く。

14 ⇒ 2) 14
　　　　7 余り 0
⇒ 2) 14
　2)　7 余り 0
　　　3 余り 1
⇒ 2) 14
　2)　7 余り 0
　2)　3 余り 1
　　　1 余り 1
⇒ $1110_{(2)}$（2進法）

14÷2＝7余り0　　7÷2＝3余り1　　3÷2＝1余り1

2 n進法を10進法で表す

n進法の数値の各位について、一の位から順にn^0、n^1、n^2、n^3、……を掛けて、各位を足し合わせる。

(例) 2進法の$1011_{(2)}$を、10進法で表す場合

一の位から順に、2^0、2^1、2^2、2^3を掛ける。

1	0	1	1
×	×	×	×
2^3	2^2	2^1	2^0

$n^0 = 1$である

各位を足し合わせると、
$1 \times 2^3 + 0 \times 2^2 + 1 \times 2^1 + 1 \times 2^0 = 8 + 0 + 2 + 1 = 11$（10進法）

3 2進法を3進法で表す

①2進法の数値を10進法で表す。
②その10進法の数値を3進法で表す。

4 n進法どうしでの足し算や掛け算

まずそれぞれ10進法にしてから計算する。

この問題を解いてみよう

2進法で111と表された数と4進法で110と表された数の和について、5進法で表したときの数として正しいのはどれか。

1 100　**2** 102　**3** 103　**4** 110　**5** 112

解説

2進法の111と4進法の110をそれぞれ10進法で表す。

$$\begin{array}{ccc} 1 & 1 & 1 \\ \times & \times & \times \\ 2^2 & 2^1 & 2^0 \end{array} \qquad 1\times 2^2+1\times 2^1+1\times 2^0=4+2+1=7$$

$$\begin{array}{ccc} 1 & 1 & 0 \\ \times & \times & \times \\ 4^2 & 4^1 & 4^0 \end{array} \qquad 1\times 4^2+1\times 4^1+0\times 4^0=16+4+0=20$$

和を求めると $7+20=27$　10進法の27を5進法で表すと、

```
5 ) 27
5 )  5 余り 2 ↑
     1 余り 0
```

⇒ $102_{(5)}$

答 2

15 濃度

数的推理

解くときのルール

1 食塩水の濃度(%)＝$\dfrac{食塩の重さ}{食塩の重さ＋水の重さ}$×100

(例) 100 g の水に25 g の食塩を入れたときの濃度

$$\frac{\cancel{25}^{1}}{\cancel{125}_{5}}\times100=\frac{1}{\cancel{5}_{1}}\times\cancel{100}^{20}=20\%$$

2 濃度の異なる食塩水を混ぜる → てんびんの解法

腕の部分を濃度、おもりを食塩水の重さに見立てて解く。

(例) 5％の食塩水200 g と10％の食塩水300 g を混ぜたときの濃度

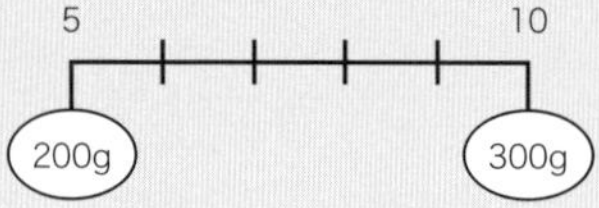

てんびんがつり合う点を探す。
真ん中だと
つり合わない。

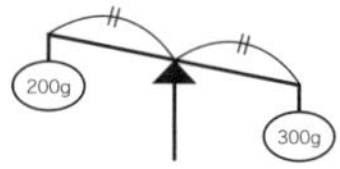

おもりの比と腕の長さの比が逆比となる。
上図の場合、おもりの比が200：300＝2：3ゆえ、腕の長さがその逆比の3：2となるところが混ぜた後の濃度となる。

よって、下図のとおり、8％となる。

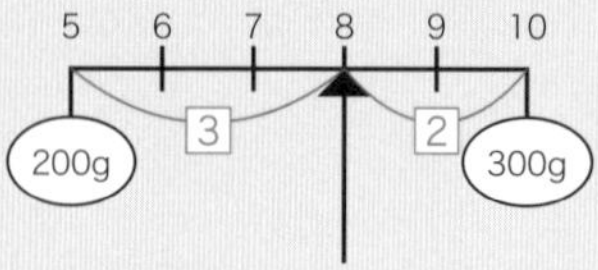

この問題を解いてみよう

7％の食塩水500 gと15％の食塩水300 gを混ぜたときの濃度はいくらか。

1　9％　　**2**　10％　　**3**　11％
4　12％　　**5**　13％

解説

てんびんで表すと下図のとおりになる。

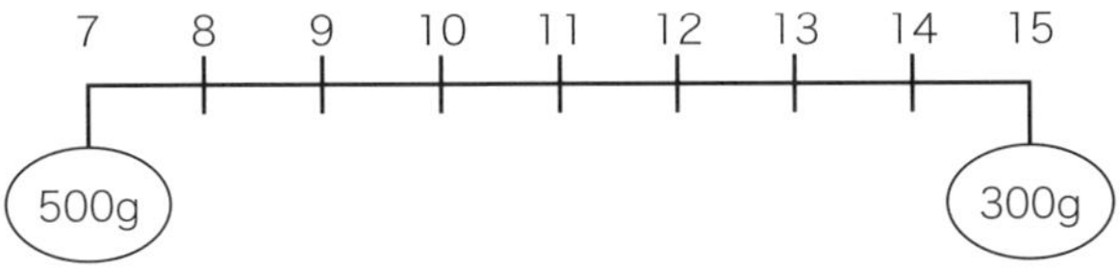

おもりの比は、500：300＝5：3
よって、腕の長さの比が3：5になるところがつり合う点となり、混ぜた後の濃度である。

腕の長さは、15－7＝8
8を3：5に分ける点は、下図のとおり、10となる。

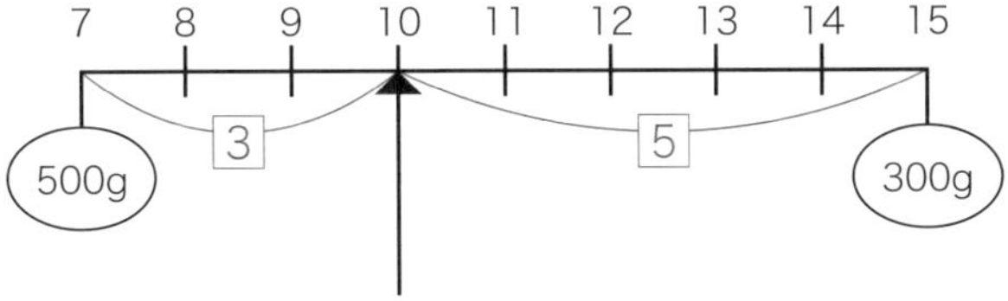

以上より、混ぜた後の濃度は10％。

答 2

16 仕事算

数的推理

解くときのルール

1 全体の仕事量を１とおく

2 各人が１日（１時間）あたりにこなす仕事量から考える

この問題を解いてみよう１

Ａが１人で行うと60日で完了する仕事を、Ｂが１人で行うと84日かかるという。ＡとＢが２人で一緒にこの仕事を行うと何日かかるか。

1 25日　**2** 30日　**3** 35日　**4** 40日　**5** 45日

解説

全体の仕事量を１とおくと、

・Ａが１日あたりにこなす仕事量

$$1 \div 60 = \frac{1}{60}$$

・Ｂが１日あたりにこなす仕事量

$$1 \div 84 = \frac{1}{84}$$

ＡとＢが２人一緒に仕事すると、１日あたりでは、$\frac{1}{60}+\frac{1}{84}$ の仕事量をこなす。

$$\frac{1}{60}+\frac{1}{84}=\frac{1}{60}\times\frac{84}{84}+\frac{1}{84}\times\frac{60}{60}=\frac{84+60}{60\times 84}=\frac{\cancel{144}^{\cancel{12}\,1}}{{}_{5}\cancel{60}\times\cancel{84}_{7}}=\frac{1}{35}$$

ＡとＢの２人が一緒に仕事をすると１日あたり $\frac{1}{35}$ の仕事量をこなす。

よって、全体量１の仕事を完成させる日数は次の式で求める。

$$1 \div \frac{1}{35} = 1 \times \frac{35}{1} = 35$$

よって、35日。

答 3

この問題を解いてみよう２

ある仕事はＡとＢの２人でやれば２時間半で終わり、ＢとＣの２人だと３時間、ＡとＣの２人だと10時間かかるという。Ｃが１人でやると何時間かかるか。

1　30時間　　**2**　35時間　　**3**　40時間
4　50時間　　**5**　60時間

解説

全体の仕事量を１とおく。また、Ａ、Ｂ、Ｃのそれぞれの１時間あたりの仕事量をa、b、cとおく。

ＡとＢの２人だと２時間半ゆえ
$(a+b)\times 2.5=1$ ……①

同様に
$(b+c)\times 3=1$ ……②
$(a+c)\times 10=1$ ……③

①②③を連立して解く。

②より、$b+c=\frac{1}{3}$　よって$b=\frac{1}{3}-c$

③より、$a+c=\frac{1}{10}$　よって$a=\frac{1}{10}-c$

これらを①に代入すると

$(\frac{1}{10}-c+\frac{1}{3}-c)\times 2.5=1$

この式を解いて$c=\frac{1}{60}$

よって、$1\div\frac{1}{60}=60$　よって60時間。

答 5

17 速さ

数的推理

解くときのルール

1 距離の求め方

速さ×時間＝距離

2 時間の求め方

$\frac{距離}{速さ}$ ＝時間

3 速さの求め方

$\frac{距離}{時間}$ ＝速さ

4 流水算

流れる川を移動する船の速さは次のとおり。

・上流から下流へ下るとき
船の速さ＝船自体の速さ＋川の流れの速さ

・下流から上流へ上るとき
船の速さ＝船自体の速さ－川の流れの速さ

5 通過算における距離のポイント

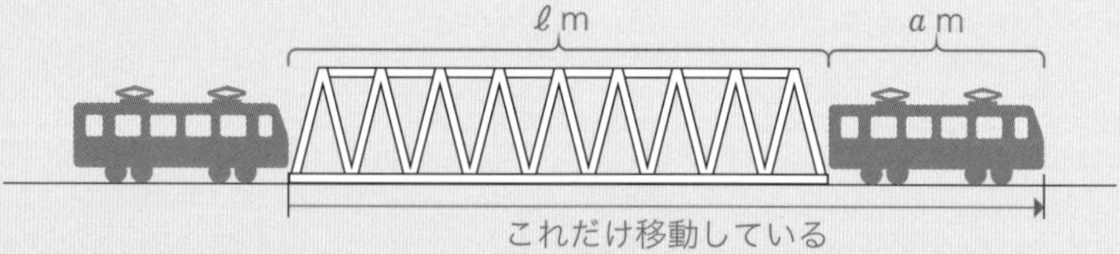

長さ a mの列車が長さ ℓ mの鉄橋に入り始めてから渡りきるまでの距離：$(\ell + a)$m

6 時間を用いる際は単位をそろえる

・1時間＝60分＝3600秒

・$\frac{1}{60}$ 時間＝1分＝60秒

この問題を解いてみよう

ある川に沿ってAとBの2つの停船所があり、AはBの上流にある。時速25kmの船でAから出発してBを往復する。行きは20分、帰りは30分という。川の流れの速度はいくらか。

1 時速4km　**2** 時速5km　**3** 時速6km
4 時速7km　**5** 時速8km

解説

川の流れの速度を時速$x$kmとおく。

行きはAからBへの下りゆえ、船の速度は $25+x$(km/時)
帰りはBからAへの上りゆえ、船の速度は $25-x$(km/時)

距離を求める公式(速さ×時間)にあてはめると、

・行き：$(25+x)\times\frac{20}{60}=$ AB間の距離　……①

・帰り：$(25-x)\times\frac{30}{60}=$ AB間の距離　……②

（$(25-x)$：速さ、$\frac{30}{60}$：時間）

「速さ」が時速で表されているので、分を時間に変換する。20分＝$\frac{20}{60}$時間

①と②を連立させて解く。

$$(25+x)\times\frac{20}{60}=(25-x)\times\frac{30}{60}$$

$$\frac{500}{60}+\frac{20}{60}x=\frac{750}{60}-\frac{30}{60}x$$

$$50x=250$$

$$x=5$$

よって、川の流れの速度は時速5kmである。

答 2

18 旅人算

数的推理

解くときのルール

1 出会い：２人はお互いの速さの和で急接近する

（例）ℓ m離れているＡとＢの２人が、それぞれa(m/分)、b(m/分)の速さで歩くときの出会うまでの時間tの求め方

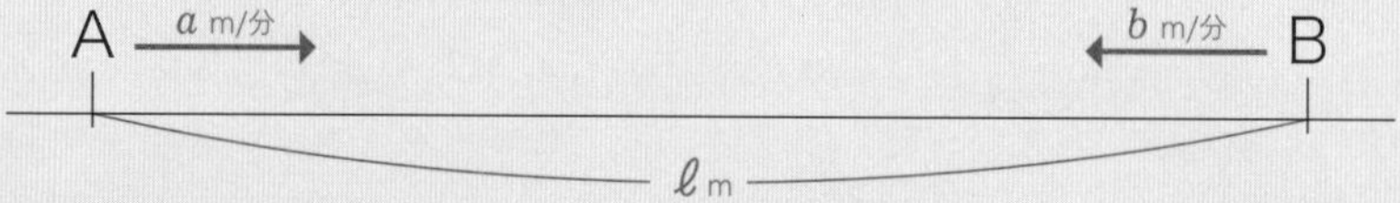

$$２人が出会うまでの時間 = \frac{\text{AとBの距離}}{\text{Aの速さ}+\text{Bの速さ}} = \frac{\ell}{a+b}$$

2 追いつき：２人はお互いの速さの差で接近、もしくは離れる

（例）Ａがℓ m先を歩いているＢに追いつくまでの時間tの求め方

Ａの速さがＢの速さよりも大きければ、ＡはＢに追いつく

$$\text{AがBに追いつくまでの時間} = \frac{\text{AとBの距離}}{\text{Aの速さ}-\text{Bの速さ}} = \frac{\ell}{a-b}$$

この問題を解いてみよう

池の周りにある１周3360ｍのジョギングコースを、ＡとＢの２人が同じ地点から互いに反対向きに、同時にスタートした。Ａは分速200ｍで走り、Ｂは分速80ｍで歩いているとき、スタートしてから２人がはじめて出会うのは、スタート地点からＢが歩き始めた方向に何ｍの地点か。

1　240ｍ　　**2**　480ｍ　　**3**　960ｍ
4　1440ｍ　　**5**　2560ｍ

解説

図でまとめると次のとおりになる。

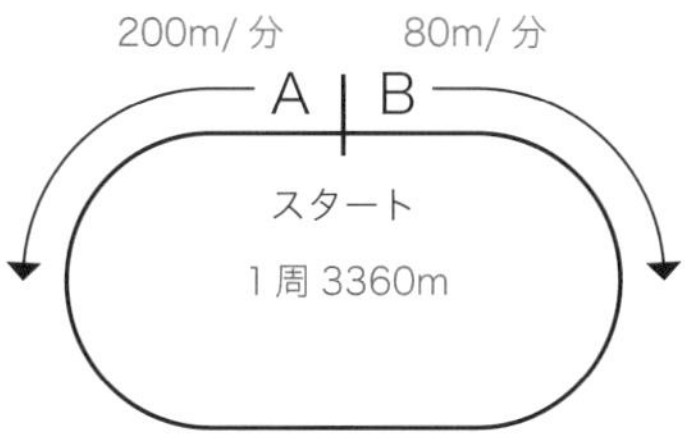

まず、ＡとＢが１回目に出会うまでの時間を求める。
「出会い」だから、ＡとＢの速さの和で接近する。

$$出会うまでの時間＝\frac{ＡとＢの距離}{Ａの速さ＋Ｂの速さ}＝\frac{3360}{200+80}＝12(分)$$

よって、スタートから12分後に、ＡとＢははじめて出会う。

この12分間にＢが何ｍ進むかを考える。

$$\underset{速さ}{80\,\text{m}/分}\times\underset{時間}{12分}＝\underset{距離}{960\,\text{m}}$$

答 3

19 数的推理

順列

順列のまとめ

1 順列と組み合わせの違い

組み合わせについては、124ページを参照。

・並べる順番が異なったとき
別の並べ方としてカウントするのが順列

・並べる順番は関係なく
ペアリングの違いだけをカウントするのが組み合わせ

●順列：
A、B、Cの３人から
２人を選んで並べる並べ方

先頭　２番目
A——B
B——A
A——C
C——A
B——C
C——B
⋮
6通り

●組み合わせ：
A、B、Cの３人から
２人を選ぶ選び方

A——B
A——C
B——C
⋮
３通り

※A—BとB—A、A—CとC—A、
B—CとC—Bは同じと考える

2 順列の種類

①順列
n人からr人を選んで並べる順列…… ${}_nP_r$で求める。

（例）５人から２人を選んで並べる場合

$${}_5P_2 = 5 \times 4 = 20\text{(通り)}$$

→ ２つ順に掛ける

(例) 6人から5人を選んで並べる場合

$${}_6P_5 = \underbrace{6\times5\times4\times3\times2}_{5つ順に掛ける} = 720(通り)$$

(例) A、B、C、Dの4人全員の並べ方の数を求める場合

$${}_4P_4 = \underbrace{4\times3\times2\times1}_{4つ順に掛ける} = 24(通り)$$

4×3×2×1を4!(4の階乗)とも書く

②円順列

n人を円形状に並べる順列……$(n-1)!$

(例) A、B、C、Dの4人を円形に並べるときの並べ方は何通りか。

$$(4-1)! = 3! = 3\times2\times1 = 6(通り)$$

③じゅず順列

n個の異なる色のビーズでじゅずを作るときの色の配列の順列

$$\frac{(n-1)!}{2}$$

(例) 赤、白、黄、青のビーズが1個ずつある。これでブレスレットを作るとき、色の配列の異なる並べ方は何通りか。

$$\frac{(4-1)!}{2} = \frac{3!}{2} = \frac{3\times2\times1}{2} = 3(通り)$$

④同じものを含む順列

n個のものがそれぞれp個、q個、r個の異なる種類に分かれているとき、それらn個をすべて使って並べる順列。

$$\frac{n!}{p!q!r!}$$

(例) 赤いボールが2個、白いボールが3個、黄色いボールが2個ある。これらすべてを1列に並べるとき、色の配列の違う並べ方は何通りか。

$$\frac{7!}{2!3!2!} = \frac{7\times6\times5\times4\times3\times2\times1}{\underbrace{2\times1}_{赤}\times\underbrace{3\times2\times1}_{白}\times\underbrace{2\times1}_{黄}} = 210(通り)$$

20

数的推理

組み合わせ

解くときのルール

異なるn個のものからr個をとる組み合わせ… ${}_n\mathrm{C}_r$

$$ {}_n\mathrm{C}_r = \frac{{}_n\mathrm{P}_r}{{}_r\mathrm{P}_r} = \frac{n\times(n-1)\times\cdots\cdots(n-r+1)}{r\times(r-1)\times\cdots\cdots 2\times 1} $$

（例）7個の異なる球から3個をとるときの組み合わせ

①組み合わせだからCを使う。
②7個から3個とるので${}_7\mathrm{C}_3$となる。
③${}_7\mathrm{C}_3$の右側の3を先頭に3×2×1と1まで掛けたものを分母に入れる。

$$ {}_7\mathrm{C}_3 = \frac{\quad}{3\times 2\times 1} $$

④分子にはCの左側の7から、6、5、……と分母と同じ数だけ掛ける。

$$ {}_7\mathrm{C}_3 = \frac{7\times 6\times 5}{3\times 2\times 1} $$

分母が3×2×1と3つ掛けているから分子も3つ掛ける

$$ {}_7\mathrm{C}_3 = \frac{7\times 6\times 5}{3\times 2\times 1} = 35(\text{通り}) $$

この問題を解いてみよう1

❶ 10人の中から4人を選ぶときの組み合わせは何通りあるか求めなさい。

❷ 8冊の本の中から3冊を選ぶときの組み合わせは何通りあるか求めなさい。

解 説

❶ ${}_{10}C_4 = \frac{10\times 9\times 8\times 7}{4\times 3\times 2\times 1} = 210$(通り)

答 210通り

❷ ${}_8C_3 = \frac{8\times 7\times 6}{3\times 2\times 1} = 56$(通り)

答 56通り

この問題を解いてみよう2

8人が5人と3人に分かれてチームを作るとき、チームの作り方は何通りあるか。

1 50通り　**2** 52通り　**3** 54通り
4 56通り　**5** 58通り

解 説

8人の中から5人を選んでチームを作り、残った3人が別のチームと考える。
つまり、8人の中から5人の選び方(組み合わせ)ゆえ、

${}_8C_5 = \frac{8\times 7\times 6\times 5\times 4}{5\times 4\times 3\times 2\times 1} = 56$(通り)

答 4

21 確率

数的推理

解くときのルール

1 1つのサイコロを1回振って4の目が出る確率は

$\frac{1}{6}$
1 ←4の目は、1つしかないので1
6 ←目の出方は、1～6の6通りなので6

2 1つのサイコロを1回振って奇数の目が出る確率は

$\frac{3}{6}$
3 ←奇数の目は1、3、5の3通りなので3
6 ←目の出方は、1～6の6通りなので6

$$確率 = \frac{求めることが起こる場合の数}{起こりうるすべての場合の数}$$

この問題を解いてみよう1

大小2つのサイコロを同時に振って、出た目の積が奇数になる確率を求めなさい。

1 $\frac{1}{2}$　　**2** $\frac{1}{3}$　　**3** $\frac{1}{4}$　　**4** $\frac{1}{5}$　　**5** $\frac{1}{6}$

解説

① **「起こりうるすべての場合」を数える。**
大きいサイコロの目の出方は6通り、
小さなサイコロの目の出方も6通り。
よって、大小のサイコロの目の出方は6×6＝36通り。

② **「出た目の積が奇数」になる場合を数える。**
積が奇数になるのは、出た目が奇数×奇数の場合

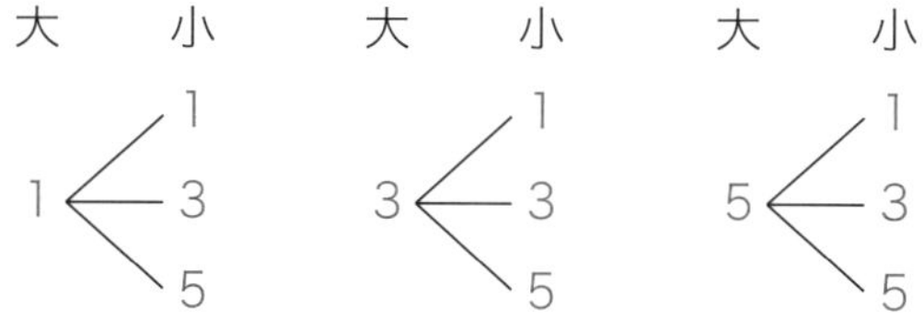

この9通り。

③ $\dfrac{\textbf{出た目の積が奇数になる場合の数}}{\textbf{起こりうるすべての場合の数}}$

ゆえ、$\dfrac{9}{36}=\dfrac{1}{4}$

答 3

この問題を解いてみよう2

大、中、小の3つのサイコロを同時に1回振って、出た目の和が4となる確率を求めなさい。

解説

起こりうるすべての場合の数は、6×6×6
出た目の和が4になる場合は、(1,1,2)(1,2,1)(2,1,1)の3通り。

よって、$\dfrac{3}{6\times6\times6}=\dfrac{1}{72}$

答 $\dfrac{1}{72}$

22

数的推理

図形

図形のまとめ

1 三角形

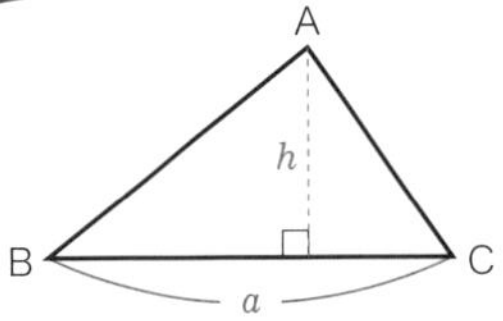

・△ABCの面積：$a \times h \times \frac{1}{2}$

・三角形の内角の和：∠A＋∠B＋∠C＝180°

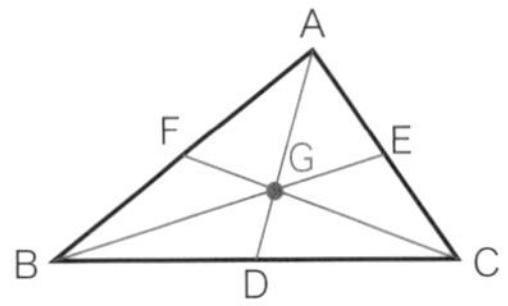

・頂点A、B、Cから向こう側の各辺の中点D、E、Fを結ぶ線(中線)は１点で交わり、その点を重心という(図中の点G)。
・重心は中線を２：１に内分する。
AG：GD＝BG：GE＝CG：GF＝2：1

2 三平方の定理

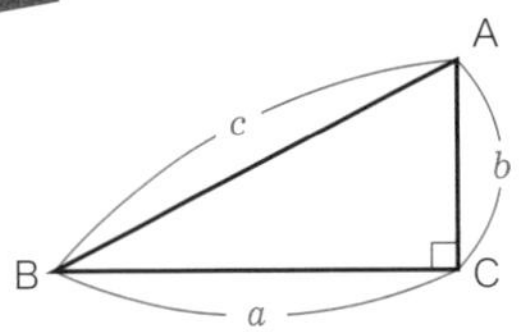

直角三角形ABCの各辺の長さがa、b、cであるとき、$a^2 + b^2 = c^2$が成り立つ。

3 正三角形

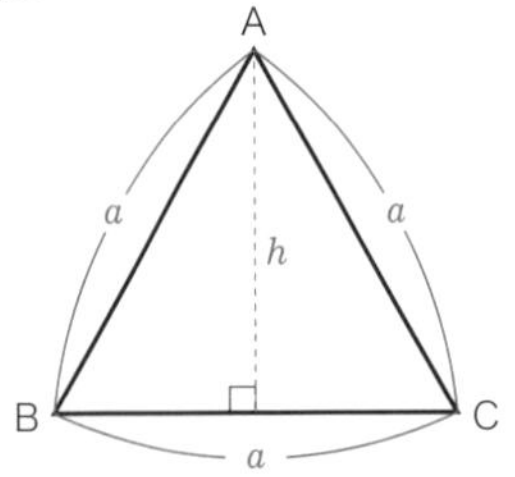

・正三角形とは、３辺の長さが等しい三角形のこと。
・∠A＝∠B＝∠C＝60°
・正三角形の底辺をaとするとき、

高さ$h = \frac{a}{2}\sqrt{3}$

面積＝$a \times \frac{a}{2}\sqrt{3} \times \frac{1}{2}$

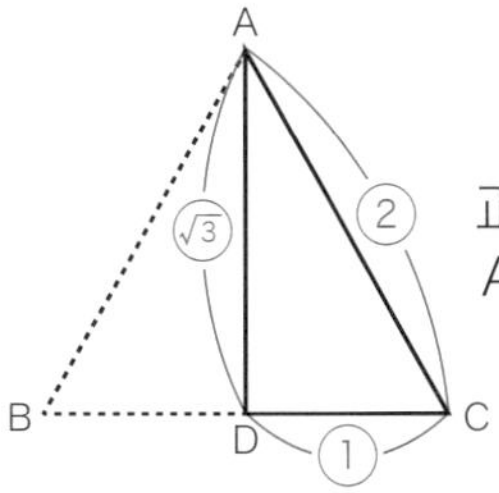

正三角形を半分にした△ＡＤＣの各辺の比は、
ＡＣ：ＣＤ：ＤＡ＝2：1：$\sqrt{3}$

4 直角二等辺三角形

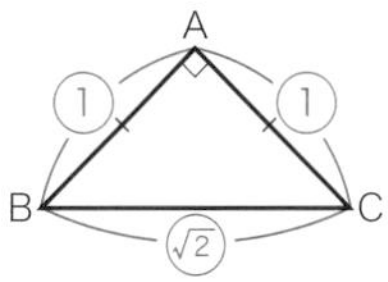

直角二等辺三角形の３辺の長さの比は、
ＡＢ：ＡＣ：ＢＣ＝1：1：$\sqrt{2}$

5 相似（形は同じだけど大きさが違う）

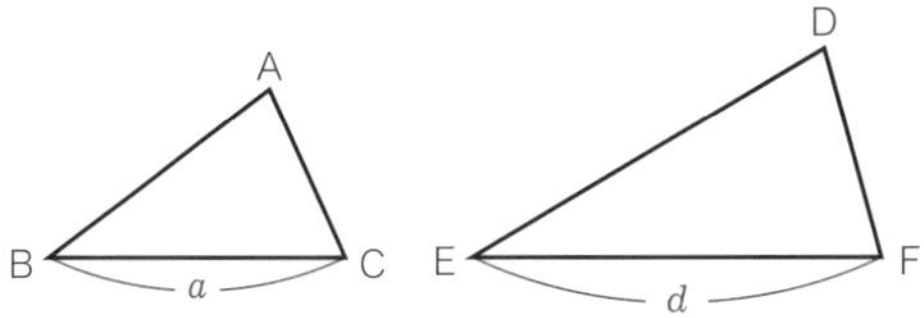

△ＡＢＣ∽△ＤＥＦのとき、
相似比a：d
面積比はa^2：d^2

6 四角形

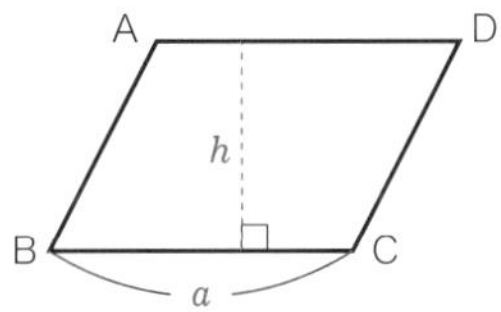

①長方形・正方形の面積：縦×横

②平行四辺形の面積：$a \times h$

7 円

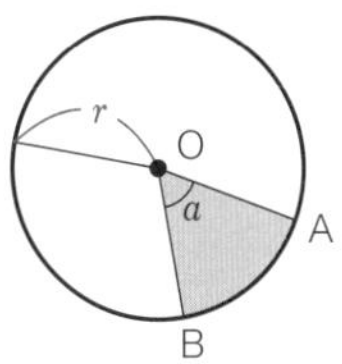

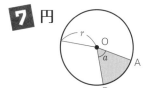

・円の面積（半径r）：$r \times r \times \pi$

・中心角a度の扇形の面積：$r \times r \times \pi \times \dfrac{a}{360}$

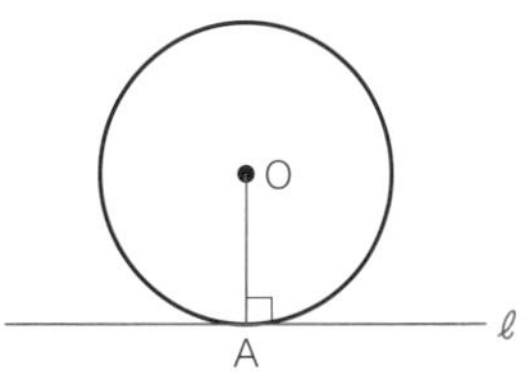

円と１点Ａで接する接線ℓと
半径ＯＡは、垂直に交わる

23 資料解釈

資料解釈

資料解釈のまとめ

1 増加数・増加率

①対前年増加数：今年の値は、昨年の値よりどれだけ増加したか

(今年の値)−(昨年の値)

②対前年増加率：昨年からの増加数が昨年の値の何％ぶんに当たるか

$$\frac{(\text{今年の値})-(\text{昨年の値})}{(\text{昨年の値})}\times 100$$

(例) 公務員の受験者数が昨年300人、今年450人の場合

①対前年増加数は、450 − 300 ＝ 150(人)

②対前年増加率は、$\frac{450-300}{300}\times 100 = 50$(％)

※対前年増加率の式は、次のように変形することができる。

$$\frac{(\text{今年の値})-(\text{昨年の値})}{(\text{昨年の値})}\times 100 = \left(\frac{\text{今年の値}}{\text{昨年の値}}-\frac{\text{昨年の値}}{\text{昨年の値}}\right)\times 100$$

$$= \left(\frac{\text{今年の値}}{\text{昨年の値}}-1\right)\times 100$$

項目別の対前年増加率の大小を比較するだけであれば、

$\frac{\text{今年の値}}{\text{昨年の値}}$ だけを比較すれば良い。

(例) 下の表は、商品AとBの販売個数である。対前年増加率が大きいのはAとBのどちらか。

	昨年	今年
商品A	667	725
商品B	784	806

●商品Aの$\frac{今年の値}{昨年の値}$

$$\frac{725}{667}=1.08\cdots\cdots$$

●商品Bの$\frac{今年の値}{昨年の値}$

$$\frac{806}{784}=1.02\cdots\cdots$$

以上より、対前年増加率が大きいのは商品Aとわかる。

2 指数

ある時点での値を100として、その値との比率で表したもののこと。

(例) 下の表で平成28年を100とすると、平成29年と平成30年の指数はどのように表せるか。

	平成28年	平成29年	平成30年
商品A	531	506	572

●平成29年の指数をxとすると、次のように求められる。

$$531:506=100:x \Rightarrow x=\frac{506\times100}{531}\fallingdotseq 95.3$$

●平成30年の指数をyとすると、次のように求められる。

$$531:572=100:y \Rightarrow y=\frac{572\times100}{531}\fallingdotseq 107.7$$

Column 2

多くの人が「志望動機」に困っている!?
本当に思っていることだけを伝えよう

面接試験のシーズンになると、「志望動機がわからなくて…」「志望動機がないんです」などと相談に来る人がたくさんいます。「ええっ!?　志望動機がないんだったら受験しなければいいじゃないですか？」といいたいところですが、そんな意地悪をいってもしかたないので、次のようにアドバイスをしています。

そもそも、なぜ志望しているのに志望動機がなくなってしまうのかについて触れておきましょう。もちろん何かしらの志望動機はあるのです。「親に勧められたから」「安定しているから」「営業ノルマがないから」「残業がないと聞いたから」「地元にいたいけど、そこそこ収入の得られる就職先は市役所くらいしかないから」「転勤したくないから」などです。

では、なぜ多くの人が「志望動機」で困っているのでしょうか。

それは、上述したような志望動機ではまずい、評価が下がる、と自分で判断しているからです。さすがに面接試験の場で、「安定しているからです」というのはいかにも消極的でまずい。「高齢化社会の中で、○○のような政策を提案して実行する仕事がしたいと思い、志望しました」「この地域の経済活性化事業に興味を持ち、自分もぜひその一員となって働きたい。地元経済を活性化させるアイディアとして、私は△△を提案したいと考えています」のようなことをいわなければならないと考えているからでしょう。

その気持ちはわかります。しかし、**ここですでに間違っています。**「安定」の反対は「不安定」です。不安定な仕事に就きたいという人が世の中にどれくらいいるでしょうか。多くの人は安定した生活を望み、安定した就職先を望むはずです。となると、役所はたしかに安定しているといえます。だから、この志望動機は何も間違っていません。また、役所のホームページなどを一生懸命研究して経済振興策を熱心に語っても、極端な話、首長が変わって、まったく違う方向の政策に舵を切るかもしれません。このような場合には、それこそ志望動機がなくなってしまうのです。

では、どうすればいいのかというと、**あなた自身が本当に思っていることだけを伝えれば良い**のです。何かがきっかけで考え始め、自分で調べてみて、「そういう仕事・待遇だったらやりたいなあ」と思うようになったため、試験勉強を始めたのですよね。つまり、**きっかけや「やってみたいなあ」という部分を書いたら良いのです。**

第3章

総まとめ 知識編

1
社会科学

政治

国　会

- 国会は、国権の最高機関であって、国の唯一の立法機関である。
- 衆議院議員の任期は４年とする。衆議院解散の場合にはその期間満了前に終了する。
- 参議院議員の任期は６年とし、３年ごとに議員の半数を改選する。
- 両議院の議員は、法律の定める場合以外は、国会の会期中逮捕されない（法律の定める場合とは、議院の許諾がある場合、院外の現行犯の場合）。会期前に逮捕された議員は、その議院の要求があれば、会期中これを釈放しなければならない。
- 両議院の議員は、議院で行った演説、討論又は表決について、院外で責任を問われない。これを国会議員の免責特権という。
- 国会は会期制。常会、臨時会、特別会がある。
- 衆議院が解散されたときは、参議院は、同時に閉会となる。但し、内閣は、国に緊急の必要があるときは、参議院の緊急集会を求めることができる。緊急集会において採られた措置は、臨時のものであり、次の国会開会の後10日以内に、衆議院の同意がない場合にはその効力を失う。
- 両議院は、各々国政に関する調査を行い、これに関して、証人の出頭及び証言並びに記録の提出を要求することができる。これを国政調査権といい、拒否した場合には過料などの制裁がある。

衆議院の優越

- 国会は衆議院と参議院の二院制をとるが、両院で意見が割れたときのために規定が置かれている。

法律案

- 衆議院で可決し、参議院でこれと異なった議決をした法律案は、衆議院で出席議員の３分の２以上の多数で再び可決したときは法律となる。

●参議院が、衆議院の可決した法律案を受け取った後、国会休会中の期間を除いて60日以内に、議決しないときは、衆議院は、参議院がその法律案を否決したものとみなすことができるので、以降の手続きは異なった議決をした場合と同じ。

予算の議決

●参議院で衆議院と異なった議決をした場合に、法律の定めるところにより、両議院の協議会を開いても意見が一致しないとき、又は参議院が、衆議院の可決した予算を受け取った後、国会休会中の期間を除いて30日以内に、議決しないときは、衆議院の議決を国会の議決とする。

内閣総理大臣の指名

●衆議院と参議院とが異なった指名の議決をした場合に、法律の定めるところにより、両議院の協議会を開いても意見が一致しないとき、又は衆議院が指名の議決をした後、国会休会中の期間を除いて10日以内に、参議院が、指名の議決をしないときは、衆議院の議決を国会の議決とする。

内 閣

●内閣は、首長たる内閣総理大臣及びその他の国務大臣でこれを組織する。
●内閣は、行政権の行使について、国会に対し連帯して責任を負う。
●内閣総理大臣は、国会議員の中から国会の議決で指名する。
●内閣総理大臣は、国務大臣を任命する。その過半数は、国会議員の中から選ばれなければならない。
●内閣総理大臣は、任意に国務大臣を罷免することができる。
●衆議院で内閣不信任の決議案を可決し又は信任の決議案を否決したときは、内閣は10日以内に衆議院を解散するかもしくは総辞職をしなければならない。

内閣の権限

●条約を締結すること(但し、事前に、時宜によつては事後に、国会の承認を経ることを必要とする)。
●予算を作成して国会に提出すること。
●この憲法及び法律の規定を実施するために、政令を制定すること。但し、政令には、特にその法律の委任がある場合を除いては、罰則を設けることができない。

世界の政治制度

大統領制	半大統領制	議院内閣制
アメリカ	フランス	イギリス・ドイツ
行政と立法が対等に分立	大統領制＋議院内閣制	行政が立法に責任を負う

議院内閣制と大統領制の違い

権利等内容	議院内閣制	大統領制
議会に内閣不信任決議権	あり	なし
内閣に法案・予算案提出権	あり	なし
首相に議会への出席権・出席義務	あり	なし
首相に議会解散権	あり	なし

アメリカ

- 行政部の最高責任者を直接国民が選ぶ大統領制を採用。大統領は国家元首、行政最高責任者そして陸海空軍最高司令官としての役割を果たす。
- 任期は４年間で３選は禁止。罷免は上院による弾劾裁判のみによる。大統領選挙人による間接選挙で選ばれるが、実質は直接選挙に近い。

フランス

- 議院内閣制的要素を含む大統領制（半大統領制）を採用。国家元首である大統領は、首相任命権、議会解散権、国民投票付託権など強大な権限を持つ。一方、下院には政府不信任決議権が与えられている。

イギリス・ドイツ

- 日本と同じ議院内閣制を採用。行政最高責任者の首相を議会が選出するため、議会と行政とが協働し、行政府が議会に責任を負うのが特徴。
- 日本との違いは次のとおりである。
  ①イギリス：上院は貴族院、議員は国王に任命され、任期がない。
  ②ドイツ：間接選挙で選ばれ、形式的な存在である大統領の存在。

中 国

- 三権分立制を採らず、最高権力機関である全国人民代表大会（全人代）に立法権と行政権を集中させる民主集中制を採用。
- 国家元首である国家主席や行政責任者の国務院総理は全人代によって選出、任期は５年。

国際連合

●第一次世界大戦後　国際連盟発足

きっかけ　アメリカのウィルソン大統領が提案した平和原則14か条

〈国際連盟の失敗の理由〉
①アメリカの不参加　②ドイツ、日本の脱退
③経済制裁のみで軍事制裁なし　④全会一致制

●第二次世界大戦後　国際連合発足

きっかけ　1945年、サンフランシスコ会議での国際連合憲章

組 織

●**国連総会**：1国1票の多数決制。決議に法的拘束力なし。

●**安全保障理事会**：15か国中9か国以上の賛成が必要。決議に法的拘束力あり。

※常任理事国に拒否権あり。

〈制裁〉
●非軍事的制裁 ——— 経済制裁
●軍事的制裁 ——— 国連軍（一度も発動なし）
——— 多国籍軍

〈PKO〉
●平和維持のための活動
●派遣先の国の同意要

	国際連盟	国際連合
常任理事国	英・仏・伊・日（＋独・ソ）	米・英・仏・露・中
制裁	経済制裁のみ	軍事制裁も加わる
議決方法	全会一致制	多数決制（安保理は15分の9）

2 経済

社会科学

経済用語

インフレーション（インフレ）

●物価が持続的に上昇し、貨幣価値が下落すること。

デフレーション（デフレ）

●物価が持続的に下落し、貨幣価値が上昇すること。

スタグフレーション

●インフレ（物価上昇）と景気停滞が共存した状態。

デフレスパイラル

●経済不況下の物価下落が、さらに不況を誘引する悪循環のこと。

GNP（国民総生産、Gross National Product）

●国民によって生産された付加価値の合計。国内の外資系企業の付加価値は除外、海外の日系企業の付加価値は含む。

GDP（国内総生産、Gross Domestic Product）

●一国の領土内で生産された付加価値の合計。国内の外資系企業の付加価値は含み、海外の日系企業の付加価値は除外。

国民純生産（NNP）

●GNP－減価償却費（資本減耗引当分）

国民所得（NI）

●NNP－間接税＋補助金

国民総支出（GNE）

●民間最終消費支出＋政府最終消費支出＋国内総固定資本形成＋在庫品増加＋純輸出

日銀の三大金融政策手段

①**政策金利操作**

②**公開市場操作（オープンマーケットオペレーション）**

③**支払（預金）準備率操作**

組織の結合形態

①**カルテル**：同業種の企業同士が協定を結ぶ。

②**コンツェルン**：異業種の企業を資本的につなぐ。戦前の財閥。

③**コングロマリット**：関連のない企業を合併・買収し、多角経営を図る。

経済史（主な経済学派と経済学者）

16世紀	重商主義	トーマス・マン ●植民地獲得、保護貿易による富の蓄積。
18世紀	重農主義	ケネー「経済表」 ●農業による国家財政の立て直し。
	古典派経済学	アダム・スミス「国富論」 ●重商主義を批判。自由主義経済を提唱。
19世紀	マルクス経済学	マルクス「資本論」 ●資本主義を批判。社会主義、共産主義。
20世紀	ケインズ経済学	ケインズ「雇用・利子および貨幣の一般理論」 ●政府による積極的な経済介入を主張。
	新古典派経済学	マネタリズム ●物価や経済の安定のためには、大きな政府は必要なく、金融政策を重視。 ●ミルトン・フリードマンが提唱。 サプライサイド経済学 ●従来の需要重視なマクロ経済に対して、供給を重視する考え方。具体的には企業の減税、規制緩和などで民間の投資を増やし、生産向上を図る。

景気変動の波

●**キチンの波（短期）**：在庫投資調整による変動。約40か月周期。
●**ジュグラーの波（中期）**：設備投資の盛衰による変動。約10年周期。
●**クズネッツの波（長期）**：建設投資の盛衰による変動。約20年周期。
●**コンドラチェフの波（超長期）**：技術革新による変動。約50年周期。

3
人文科学

日本史

重要ポイント

鎌倉時代

北条氏による執権政治

系統	北条氏	出来事
初代	時政	源頼朝の死後、頼家を２代将軍とし、実権を握る。
２代	義時	承久の乱で後鳥羽上皇を破り、六波羅探題を設置。
３代	泰時	連署・評定衆の設置。御成敗式目の制定。
５代	時頼	引付衆の設置。
８代	時宗	文永の役・弘安の役。異国警固番役・石塁を設置。
９代	貞時	霜月騒動を収め、北条氏による得宗専制体制を確立。

室町時代

足利氏による支配体制

- 将軍を補佐する管領は、細川氏・斯波氏・畠山氏が務めた(三管領(さんかんれい))。
- 侍所の所司は、京極氏・山名氏・赤松氏・一色氏が務めた(四職)。

系統	足利氏	出来事
初代	尊氏	建武式目の制定。観応の擾乱で弟直義を滅ぼす。
３代	義満	南北朝の合一。勘合貿易がはじまる。北山文化。
６代	義教	赤松満祐(あかまつみつすけ)に嘉吉(かきつ)の乱(らん)で討たれる。
８代	義政	応仁の乱より将軍の後継問題へ発展。東山文化。
15代	義昭	織田信長に追放され、室町幕府滅亡。

江戸時代

幕府体制

- 将軍——(大老)
  - 老中
    - 大目付(大名の監察)
    - 勘定奉行(財政を担当)
    - 町奉行(主要都市の行政・司法を担当)
  - 若年寄(老中の補佐)——目付(旗本・御家人の監察)
  - 寺社奉行(寺社を統制)
  - 京都所司代(朝廷・西国の監視)

三大改革

●**享保の改革**：８代吉宗。上米の制、足高の制、相対済し令、目安箱。
●**寛政の改革**：松平定信。旧里帰農令、囲米、七分積金、寛政異学の禁。
●**天保の改革**：水野忠邦。倹約令、人返し令、株仲間解散。

大正・昭和時代

主要な内閣と出来事

首相	年代	出来事
桂太郎	1912～13	第一次護憲運動により大正政変が起こる。
大隈重信	1914～16	第一次世界大戦参戦。二十一カ条の要求。
加藤高明	1924～26	普通選挙法・治安維持法を制定。
犬養毅	1931～32	満州事変。血盟団事件。五・一五事件。
広田弘毅	1936～37	二・二六事件により成立。日独防共協定。
幣原喜重郎	1945～46	五大改革指令。
吉田茂	1948～54	サンフランシスコ平和条約。日米安全保障条約。
鳩山一郎	1954～56	日ソ共同宣言。国連に加盟。
岸信介	1957～60	新安全保障条約を締結。
池田勇人	1960～64	国民所得倍増計画。東京オリンピック開催。
佐藤栄作	1964～72	日韓基本条約。小笠原諸島・沖縄返還。
田中角栄	1972～74	日中共同声明。日本列島改造。石油ショック。

4
人文科学

世界史

重要ポイント

絶対王政

王と商人が手を結び、常備軍と官僚制によって実現した。

●**スペイン**：フェリペ２世「太陽の沈まぬ国」。
●**イギリス**：ヘンリー８世、エリザベス１世。英国国教会。
●**フランス**：ルイ14世。
●**ドイツ**：フリードリヒ２世。
●**オーストリア**：マリアテレジア。
●**ロシア**：エカテリーナ２世。

市民革命

イギリス

●**ピューリタン革命**：対チャールズ１世。クロムウェルの独裁へ。
●**名誉革命**：国王ジェームズ２世追放。権利の章典採択。

アメリカ

●**アメリカ独立戦争**：対イギリス。独立宣言採択。

フランス

●**フランス革命**：対ルイ16世。ロベスピエールの恐怖政治→ナポレオン時代→ウィーン体制（メッテルニヒ中心）。

帝国主義

●1840～42年：アヘン戦争→南京条約（五港開港、香港割譲）。
●1856～60年：アロー戦争→北京条約（外国公使の北京駐在権等承認）。
●1857～59年：インド大反乱→ムガル帝国滅亡→英国領インド帝国成立。
●1894～95年：日清戦争→朝鮮における日本の影響力増大。

● 1899～1900年：義和団事件→北京議定書（外国軍隊の北京駐留権承認）。
● 1899年：アメリカ政府（ジョン・ヘイ）が門戸（もんこ）開放宣言。
● 1904年：日露戦争勃発→血の日曜日事件、第一次ロシア革命。
● 1911年：辛亥革命（孫文率いる革命派が独立を宣言）→中華民国成立。

第一次世界大戦

● 三国協商（英・仏・露）＋日（日英同盟）・米・伊 VS 三国同盟（独・墺・伊）。
※伊は1915年に連合国側へ
● 1919年：パリ講和会議→ヴェルサイユ体制→民族自決（欧のみ）。
● 1920年：国際連盟発足→英・仏・伊・日が常任理事国、米加盟せず。

第二次世界大戦

● 連合国（米・英・仏・中・露・蘭……）VS 枢軸国（日・独・伊）。
● 1939年：独ソ不可侵条約→ドイツのポーランド侵攻→大戦開始。
● 1945年8月15日：日本のポツダム宣言受諾→終戦。

東西冷戦

● 1946年：イギリスのチャーチル元首相が「鉄のカーテン」演説。
● 1947年：トルーマン・ドクトリン発表→ギリシャ・トルコへの援助。
● 1948年：ベルリン危機勃発→翌年、ドイツは東西に分離し独立。
● 1950年：朝鮮戦争開始（～53年）　北朝鮮（ソ・中）vs 大韓民国（米）。
● 1951年：サンフランシスコ講和会議→日本が主権を回復し、独立。
● 1956年：ソ連のフルシチョフがスターリン批判開始。
● 1962年：キューバ危機　米vsソ→ホットライン協定。
● 1965年：ベトナム戦争北爆開始（73年にニクソンが撤退）。
● 1986年：ソ連のゴルバチョフ書記長がペレストロイカ開始。
● 1989年：東欧諸国で共産主義政権崩壊→米・ソが冷戦終結宣言。
● 1990年：ベルリンの壁崩壊（1989年）→東西ドイツ統一。
● 1991年：ロシア中心に独立国家共同体（CIS）結成→ソ連解体。

5 人文科学

地理

重要ポイント

世界の大地形

それぞれの特徴と分布

- **安定陸塊**：先カンブリア時代(46億～5億4200万年前)
  長年の浸食作用で広大で平坦な台地や平原。卓状地や楯状地。
- **古期造山帯**：古生代(5億7000万～2億5000万年前)
  浸食により、低くなだらかな山地。ウラル山脈など。
- **新期造山帯**：中生代～新生代(2億5000万年前～)
  高く険しい山脈で火山帯・地震帯と一致。環太平洋造山帯など。

平 野

2つの平野の違い

- **浸食平野**：長い間の浸食・風化作用による平坦な大規模な平野。
  ①準平原(山が平坦化した平野)
  ②構造平野(地層が浸食した平野)
- **沖積平野**：河川や海の沖積作用で形成された比較的小規模な平野。
  ①洪積台地(更新世)
  ②沖積平野(完新世)

海岸地形

名称と特徴

- **フィヨルド(峡湾)**：氷河で削られたU字谷で形成された深い入り江。
- **リアス海岸**：のこぎりの歯のような海岸線を持つ地形。三陸海岸など。
- **エスチュアリー(三角江)**：大河川の河口が沈水してできた入り江。

世界の農業

それぞれの特徴と盛んな地域

- **遊牧**：乾燥・ツンドラ地域で行われる。羊やヤギなど。
- **焼畑**：熱帯地域で行われる。森林を焼き、草木灰を肥料とする。
- **オアシス農業**：乾燥地域で行われる。カナートなどの地下水路。
- **アジア式農業**：労働集約的農業。熱・温帯では稲作、冷涼地域では畑作。
- **混合農業**：作物栽培＋家畜飼育。西欧で中世の三圃式農業から発展。
- **酪農**：冷涼湿潤な地域。乳製品を生産する。
- **地中海式農業**：夏は耐乾性作物（オリーブ、ブドウ）、冬は穀物栽培。
- **園芸農業**：都市近郊で野菜や花を栽培。オランダのポルダー。
- **企業的農業**：小麦栽培やプランテーションなど。新大陸等で発達。

ケッペンの気候区分

各気候区と特徴、地域

	気候区	特徴	地域
熱帯	熱帯雨林	●年中高温多雨、スコール ●常緑広葉樹林 ●ラトソル（やせ地）、セルバ（森林）	・赤道付近 ・アマゾン流域 ・シンガポール
	熱帯モンスーン	●弱い乾季あり、ラトソル ●アジアの稲作地帯	・インドシナ ・アマゾン河口
	サバナ	●雨季と乾季、草原と疎林 ●ラトソル、レグール土（肥沃） ●テラロッサ（肥沃）	・コンゴ盆地 ・デカン高原 ・ブラジル高原
乾燥	ステップ	●雨季と乾季、草原と疎林 ●ラトソル、レグール土（肥沃） ●テラロッサ（肥沃）	・ウランバートル ・テヘラン ・ダカール
	砂漠	●月降水量20mm以下 ●南・北回帰線付近	・カイロ ・ラスベガス
温帯	地中海性	●夏：高温乾燥、冬：温暖湿潤 ●硬葉樹林、テラロッサ（肥沃）	・カリフォルニア州 ・ローマ
	温帯夏雨	●夏：高温多雨、冬：小雨 ●照葉樹林、モンスーン	・中国南部 ・インド北部
	温暖湿潤	●夏：高温湿潤、冬：寒冷乾燥 ●モンスーン、褐色森林土（肥沃）	・東京 ・ニューヨーク
	西岸海洋性	●夏・冬とも温和 ●暖流と偏西風、落葉広葉樹	・西ヨーロッパ ・ロンドン
冷帯	冷帯湿潤	●平均した降水 ●針葉樹、ポドゾル（やせ地）	・シベリア西部 ・カナダ
	冷帯夏雨	●夏：降水多、冬：寒冷乾燥 ●シベリア高気圧、タイガ	・中国東北 ・シベリア東部

6

人文科学

倫理

ギリシャ哲学

●**ソクラテス**：ギリシャ哲学の祖。無知の知、対話法、知徳合一。
●**プラトン**：ソクラテスの弟子。イデア論、哲人王、アカデメイア。
●**アリストテレス**：プラトンの弟子。個物＝形相＋質料、中庸。

近代哲学

大陸合理論

●**デカルト**：方法的懐疑、演繹法、物心二元論、『方法序説』。

イギリス経験論

●**ベーコン**：「知は力なり」、帰納法、４つのイドラ（偏見）。

社会契約論

●**ホッブス**：「万人の万人に対する闘争」、王政擁護。
●**ロック**：「白紙（タブラ＝ラサ）」、抵抗権（革命権）、間接民主制。
●**ルソー**：「自然へ帰れ」、一般意思、直接民主制。

ドイツ観念論

●**カント**：「目的の王国」、「人格は手段でなく目的」、『純粋理性批判』。
●**ヘーゲル**：弁証法、絶対精神、人倫、絶対的観念論、『精神現象学』。

現代哲学

実存主義

●**キルケゴール**：単独者、美的実存→倫理的実存→宗教的実存、有神論。
●**ヤスパース**：限界状況→包括者に身を委ねる、実存的交わり。
●**ハイデガー**：「存在は時間と共にある」、世界内存在、『存在と時間』。
●**サルトル**：「実存は本質に先立つ」、アンガージュマン（社会参加）。

その他

- **ニーチェ**：「神は死んだ」、超人、権力（力）への意志。
- **ベンサム**：功利主義。快楽計算、「最大多数の最大幸福」。
- **ミル**：功利主義。精神的自由を強調、『自由論』。
- **デューイ**：プラグマティズム。道具主義。

中国思想

儒家

- **孔子**：儒家の祖。仁と礼、君子による徳治主義、『論語』。
- **孟子**：性善説、四徳＝仁義礼智、易姓革命。
- **荀子**：性悪説、礼至上主義。

道家

- **老子**：道＝無、無為自然、小国寡民、柔弱謙下。
- **荘子**：万物斉同、自在の境地、真人。

その他

- **墨子**：平和主義、兼愛説、非攻。
- **韓非子**：法治主義、信賞必罰。

日本思想（仏教史）

時代	宗派	人物名	キーワード	著作
平安	天台宗	最澄	比叡山延暦寺。鎮護国家。	
	真言宗	空海	高野山金剛峰寺。密教。曼荼羅。	
鎌倉	浄土宗	法然	専修念仏。「南無阿弥陀仏」。	『選択本願念仏集』
	浄土真宗	親鸞	絶対他力、悪人正機説。	『教行信証』
	時宗	一遍	踊念仏。	
	臨済宗	栄西	公案（禅問答）、看話禅。	『興禅護国論』
	曹洞宗	道元	只管打坐、黙照禅。	『正法眼蔵』
	日蓮宗	日蓮	法華経。「南無妙法蓮華経」。	『立正安国論』

7
人文科学

文学・芸術

世界文学（主な作家と作品）

英米文学	シェークスピア		『ハムレット』、四大悲劇。
	ヘミングウェイ		『老人と海』、失われた世代。
フランス文学	ロマン主義	ユゴー	『レ・ミゼラブル』、人道主義。
	写実主義	バルザック	『ゴリオ爺さん』、人間喜劇。
	自然主義	ゾラ	『居酒屋』、貧民社会を描写。
	実存主義	サルトル	『嘔吐』、不条理。
		カミュ	『異邦人』
ドイツ文学	ロマン主義	ゲーテ	『ファウスト』『若きウェルテルの悩み』
	20世紀	カフカ	『変身』、寓話的手法。
ロシア文学	ゴーゴリ		『外套』、弱者への共感。
	ドストエフスキー		『罪と罰』、エゴイズムの克服。
	トルストイ		『戦争と平和』、歴史的大河小説。

西洋絵画（主な画家と作品）

ルネサンス	レオナルド・ダ・ビンチ	『最後の晩餐』『モナリザ』
	ミケランジェロ	『最後の審判』『ダヴィデ像』
	ボッティチェリ	『ヴィーナスの誕生』
バロック	レンブラント	『夜警』『風車』
ロマン派	ドラクロア	『民衆を率いる自由の女神』
印象派	モネ	『印象・日の出』『睡蓮』
	マネ	『草上の昼食』
ポスト印象派	セザンヌ	『サント・ヴィクトワール山』
	ゴッホ	『星月夜』『ひまわり』

日本文学（主な作品と作家）

三大和歌集	『万葉集』（奈良時代）		現存最古の歌集。撰者は大伴家持。	
	『古今和歌集』(平安時代)		醍醐天皇の命で紀貫之らが編纂。	
	『新古今和歌集』（鎌倉時代）		後鳥羽上皇の命で藤原定家らが編纂。	
鎌倉・室町時代	『方丈記』	鴨長明	『徒然草』	吉田兼好
	『風姿花伝』	世阿弥	『十六夜日記』	阿仏尼
江戸時代	『日本永代蔵』	井原西鶴	『東海道中膝栗毛』	十返舎一九
	『曽根崎心中』	近松門左衛門	『南総里見八犬伝』	滝沢馬琴
	『奥の細道』	松尾芭蕉	『おらが春』	小林一茶
	『古事記伝』	本居宣長	『東海道四谷怪談』	鶴屋南北
明治時代以降	『小説神髄』	坪内逍遥	『金色夜叉』	尾崎紅葉
	『たけくらべ』	樋口一葉	『みだれ髪』	与謝野晶子
	『破戒』	島崎藤村	『蒲団』	田山花袋
	『暗夜行路』	志賀直哉	『或る女』	有島武郎
	『伊豆の踊子』	川端康成	『蟹工船』	小林多喜二
	『金閣寺』	三島由紀夫	『細雪』	谷崎潤一郎

日本文化

飛鳥文化	推古天皇の治世	法隆寺、金堂釈迦三尊像
白鳳文化	天武・持統天皇の治世	興福寺仏頭、薬師寺東塔
天平文化	聖武天皇の治世	東大寺法華堂、不空羂索観音像
室町文化	北山文化	金閣（寝殿造・禅宗様）、五山文学、能楽
	東山文化	銀閣（書院造）、水墨画、茶道、花道、連歌
元禄文化	綱吉の文治政治	装飾画、浮世絵、浮世草子、浄瑠璃
化政文化	家斉の治世	錦絵、美人画、風景画、洒落本、滑稽本

8 自然科学

数学

数と式

展開・因数分解と指数の公式

展開・因数分解	$m(a+b)=ma+mb$
	$(a+b)^2=a^2+2ab+b^2$
	$(a-b)^2=a^2-2ab+b^2$
	$(a+b)(a-b)=a^2-b^2$
	$(x+a)(x+b)=x^2+(a+b)x+ab$
	$(ax+b)(cx+d)=acx^2+(ad+bc)x+bd$
	$(a+b)^3=a^3+3a^2b+3ab^2+b^3$
	$(a-b)^3=a^3-3a^2b+3ab^2-b^3$
	$(a+b)(a^2-ab+b^2)=a^3+b^3$
	$(a-b)(a^2+ab+b^2)=a^3-b^3$
指数	$a^m \times a^n=a^{m+n}$
	$a^m \div a^n=a^{m-n}$
	$(a^m)^n=a^{mn}$

2次方程式

2次方程式の解法

①因数分解する

(例) $x^2-(\alpha+\beta)x+\alpha\beta=0$ の解を求める。

$(x-\alpha)(x-\beta)=0$ と因数分解すると、解は次のようになる。

$x=\alpha$、β

②解の公式を利用する

(例) $ax^2+bx+c=0\ (a\neq0)$ の解を求める。

解の公式により、解は次のようになる。

$$x=\frac{-b\pm\sqrt{b^2-4ac}}{2a}$$

2次方程式の解の判別

- 2次方程式 $ax^2+bx+c=0$ ($a\neq0$、a、b、c は共に実数)において、判別式は $D=b^2-4ac$ で表される。このとき、次のことが成り立つ。

①$D>0$ のとき：異なる2つの実数解が存在する。
②$D=0$ のとき：1つの実数解が存在する。
③$D<0$ のとき：異なる2つの虚数解が存在する。

2次方程式の解と係数の関係

- 2次方程式 $ax^2+bx+c=0$ において、解を α、β とすると、次のことが成り立つ。

$$\alpha+\beta=-\frac{b}{a} \qquad \alpha\beta=\frac{c}{a}$$

第3章 8 数学

9 自然科学 物理

運動の種類

等加速度直線運動

●一定の加速度で運動する物体は直線運動を行う。

●時間t後の速度$v=v_0+at$　時間t後の移動距離$x=v_0t+\frac{1}{2}at^2$

※v_0：初速度、a：加速度

自由落下

●重力による運動の場合、質量によらず重力加速度g(9.8m／s^2)は一定である。

●時間t後の速度$v=gt$　落下距離$y=\frac{1}{2}gt^2$

鉛直投射

●物体を初速度v_0で真上に投げた場合、物体には鉛直下向きの重力加速度が生じる。

●時間t後の速度$v=v_0-gt$　時間t後の移動距離$x=v_0t-\frac{1}{2}gt^2$

水平投射

●物体を初速度v_0で水平方向に投げた場合、水平方向では初速度がv_0、加速度が0となり、鉛直方向では初速度が0、加速度が下向きにg(重力加速度)となる。

運動の種類

物体は外的な力を受けなければ、エネルギーの総和は一定である。

運動エネルギー

- 運動している物体が持っているエネルギー。
- $K=\frac{1}{2}mv^2$　※K：運動エネルギー、m：質量、v：速さ

重力による位置エネルギー

- 高いところにある物体が持っているエネルギー。
- $U=mgh$　※U：位置エネルギー、g：重力加速度、m：質量、h：高さ

電気回路

オームの法則

- 導線の両端に電圧をかけると、そこに流れる電流は電圧の大きさに比例する。電圧を大きくすればするほど、電流も大きくなる。
- 電圧V＝電流Ｉ×抵抗R　※電圧Vの単位：V、抵抗Rの単位：Ω、電流Ｉの単位：A

抵抗の大きさ

- ２つの抵抗は１つの抵抗とみなすことができるが、つなぎ方により、抵抗の大きさの関係は次のように異なる。

①**直列接続**：$R=R_1+R_2$

②**並列接続**：$\frac{1}{R}=\frac{1}{R_1}+\frac{1}{R_2}$

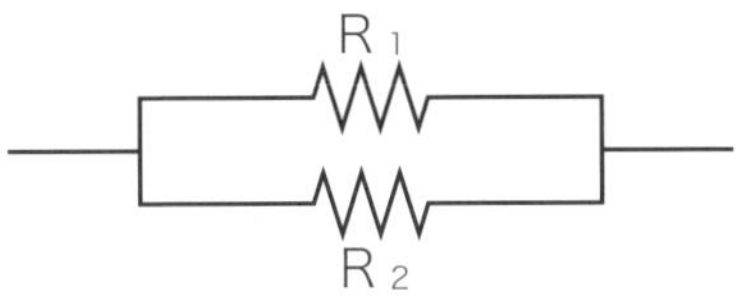

電力量と電力

- **電力量**：電流がした仕事の量
  電力量W＝電流Ｉ×電圧V×時間 t
- **電力**：単位時間当たりの電力量
  電力P＝電力量W÷時間 t ＝電流Ｉ×電圧V

10

自然科学

化学

周期表

● 元素を原子番号順に並べ、化学的性質の類似した元素が縦に並ぶように配列した表。

● 縦の列を族、横の列を周期という。

3～11族を遷移元素、それ以外を典型元素

族／周期	1	2	3～11	12	13	14	15	16	17	18	
1	H									He	
2	Li	Be			B	C	N	O	F	Ne	
3	Na	Mg			Al	Si	P	S	Cl	Ar	
4	K	Ca		Zn						Kr	

□ 金属元素
□ 非金属元素
□ 希ガス

原子番号と質量数

原子番号

● 原子核中の陽子の数。原子番号により元素の種類が決まる。

質量数

● 原子核中の陽子と中性子の数の和。

同位体（アイソトープ）

● 原子番号（陽子数）は同じだが、中性子数が異なるため、質量数が異なる原子のこと。

同素体

● 構造や結合様式の異なる単体のこと。１つの元素に、性質の異なる単体が２種類以上存在するとき、これらを互いに同素体という。

（例）炭素Ｃ：ダイヤモンド、黒鉛
　　　酸素Ｏ：酸素、オゾン
　　　リンＰ：赤リン、黄リン
　　　硫黄Ｓ：斜方硫黄、単斜硫黄

炎色反応

●物質を炎の中で加熱したとき生じる発光のこと。
●炎色反応の色は、元素の種類に特有である。

元素	元素記号	炎色
リチウム	Li	赤
ナトリウム	Na	黄
カリウム	K	赤紫
カルシウム	Ca	橙赤
ストロンチウム	Sr	深赤
バリウム	Ba	黄緑
銅	Cu	青緑

化学結合

共有結合

●原子が価電子を共有することによる、非常に強い結合。
(例)ダイヤモンド、黒鉛、石英、結晶

イオン結合

●クーロン力(静電気的引力)による結合。
(例)塩化カルシウム、塩化カリウム

金属結合

●各原子の自由電子がすべての原子に共有され、動き回ることでできる結合。
●自由電子があるため、金属光沢、電気や熱の良導体、光電効果、展性、延性といった特徴を持つ。
(例)ナトリウム、水銀、鉄、銅、アルミニウム

分子間結合

●分子からなる物質における、分子間に働く分子間力(ファンデルワールス力)と呼ばれる、弱い力で分子を互いに結びつけている結合。
●結合力が弱いので、融点や沸点は低い。
(例)ヨウ素、ドライアイス

11 自然科学

生物

脳

●**大脳**：感覚、随意運動、感情などの高次な精神活動の中枢。
●**間脳**：視床と視床下部から成り、自律神経系の中枢は視床下部にある。
●**中脳**：眼球運動、瞳孔の調節、姿勢を保つ中枢。
●**小脳**：平衡感覚、筋肉運動の中枢。
●**延髄**：心臓の拍動、呼吸運動など、生命維持に関する機能。

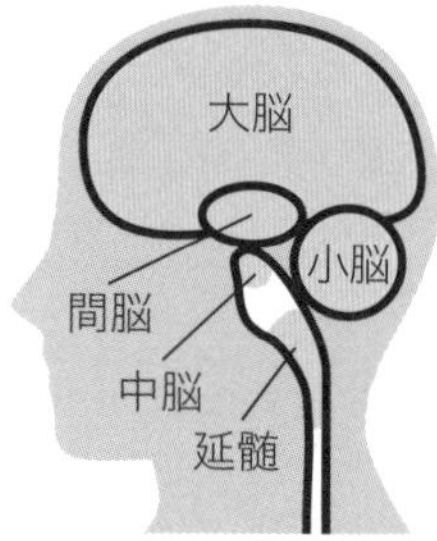

自律神経

自律神経には、体の緊張性を保持し、活動しやすい状態を作り出す交感神経と、体の疲労回復・栄養補給などに働き、安静状態を保つ副交感神経がある。

交感神経系

●心臓の拍動を促進、血管を収縮、血圧を上昇、瞳を拡大といったように、一般に促進的に働くが、消化系には抑制的に働く。副交感神経はその逆に働く。

	精神活動	分泌物	心拍	呼吸	血管	消化器	筋肉	血圧・血糖
交感神経	活発	ノルアドレナリン	増加	増加	収縮	抑制	緊張	上昇
副交感神経	リラックス	アセチルコリン	低下	低下	拡張	促進	弛緩	降下

腎臓

人の腎臓は、腹腔の背側に左右１対あり、その大きさは、握りこぶし程度である。

- **腎臓の皮質**：腎小体、毛細血管、細尿管からなる腎単位が集まってできている。
- **腎小体**：糸球体とボーマンのうから成る。
- **腎臓の働き**：尿を生成することにより、老廃物の排出や体液浸透圧の調節を行う。
- **ろ過**：血液が糸球体を通過するときに、血球やタンパク質などの大きな成分以外は、血管壁を通してボーマンのうへ、ろ過される。このろ液を原尿という。
- **再吸収**：原尿は細尿管を通過する間に、グルコースのすべて、水や無機塩類の大部分、尿素の一部が毛細血管へ再吸収される。なお、水は集合管でも再吸収される。

肝臓

人の肝臓は右上腹部にあり、三角形状の約１～1.5kgある、最も重い臓器である。

- **血糖量の調節**：血中のグルコースからグリコーゲンを合成し、貯蔵して血糖量を下げたり、逆にグリコーゲンをグルコースに分解して血糖量を上げたりして調節する。
- **解毒作用**：血液中に含まれる有害な物質を、酸化あるいは分解して無害な物質に変化させる。
- **胆液の生成**：脂肪の消化を手助けする消化酵素を持たない消化液である胆液を生成する。
- **体温の維持**：活発な化学反応に伴って発生する熱で体温を維持する。
- **血液の循環量の調整**：多量の血液を貯蔵し、血液の循環量を調節する。

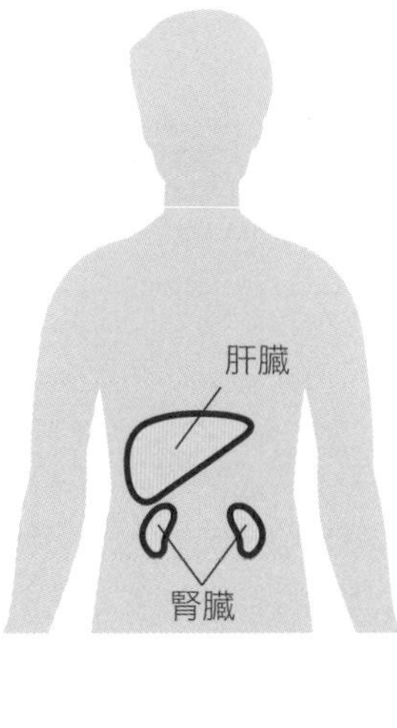

12
自然科学

地学

地球型惑星と木星型惑星

太陽系の惑星は、質量や半径、平均密度などをもとにして、地球型惑星と木星型惑星に分類できる。

	地球型惑星 水星・金星・地球・火星	**木星型惑星** 木星・土星
質量	小さい	大きい
密度	大きい	小さい
自転	遅い	速い
衛星	少ない	多い
環	無	有
大気組成	・二酸化炭素 ・窒素 ・酸素(地球)	・水素 ・メタン ・ヘリウム ・アンモニウム

地球内部の構造

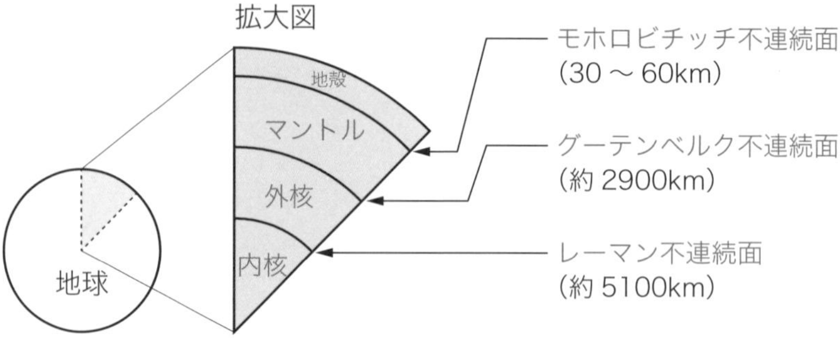

地震

地震の揺れは、地震波として岩石中を伝わる。

地震波の種類	波の種類	速度	伝わる場所	揺れの大きさ
P波	縦波	速い	固体と液体 (地殻・マントル・外核)	小
S波	横波	遅い	固体のみ (地殻・マントル)	大

揺れの種類

地震波は、初めにP波が到着し、次にS波が到着する。

- **初期微動**：P波の揺れで、揺れは小さい。
- **主要動**：S波の揺れで、揺れは大きい。

※地震波は、モホ面(地殻とマントルの間)で急増する。

海溝型地震(プレート境界型地震)

- 海洋プレートと大陸プレートが衝突する場所では、密度の大きい海洋プレートが密度の小さい大陸プレートの下に沈み込んでいる。
- 沈み込む際、摩擦により、歪みが生じるが、その歪みが限界に達すると、大陸プレートが跳ね上がり、巨大地震が発生する。

日本付近の震源の分布

- 日本付近では、４つのプレートが入り込んでいるので、地震が多発。
- 震源の深さは太平洋側よりも、日本海側のほうが深い。

編著者

公務員試験専門 喜治塾　こうむいんしけんせんもん きじじゅく

東京にある公務員試験に特化したスクール。1999年から公務員試験受験者への指導を行う。都庁・県庁・特別区をはじめ、国家総合職(法律)、外務省専門職員、国家一般職などで、毎年、多くの合格者を輩出している。過去の出題傾向を徹底的に分析・把握し、短期間で最大の効果を生み出す指導に定評がある。

〒169-0075 東京都新宿区高田馬場3-3-1　ユニオン駅前ビル5・8階
TEL 03-3367-0191　FAX 03-3367-0192　URL https://www.kijijuku.com/

代表

喜治賢次　きじ けんじ

慶應義塾大学法学部法律学科卒。東京の新宿区役所で、教育委員会、都市整備部などに所属。35歳で公務員を退職し、行政研究、政策提言活動とともに後進の指導に従事する。1999年に公務員採用試験の合格指導、現職公務員の研修を行う「喜治塾」を創立。並行して地域コミュニティ活動にも積極的に参加。2008年には内閣府政策企画調査官を務める。

7日でできる!

【初級】地方公務員　過去問ベスト

編著者　公務員試験専門 喜治塾
発行者　高橋秀雄
発行所　**株式会社 高橋書店**
〒170-6014 東京都豊島区東池袋3-1-1 サンシャイン60 14階
電話　03-5957-7103

本書の内容についてのご質問は「書名、質問事項(ページ、内容)、お客様のご連絡先」を明記のうえ、郵送、FAX、ホームページお問い合わせフォームから小社へお送りください。
回答にはお時間をいただく場合がございます。また、電話によるお問い合わせ、本書の内容を超えたご質問にはお答えできませんので、ご了承ください。本書に関する正誤等の情報は、小社ホームページもご参照ください。

【内容についての問い合わせ先】
書　面　〒170-6014 東京都豊島区東池袋3-1-1 サンシャイン60 14階　高橋書店編集部
F A X　03-5957-7079
メール　小社ホームページお問い合わせフォームから　(https://www.takahashishoten.co.jp/)

【不良品についての問い合わせ先】
ページの順序間違い・抜けなど物理的欠陥がございましたら、電話03-5957-7076へお問い合わせください。
ただし、古書店等で購入・入手された商品の交換には一切応じられません。

7日でできる！

初級

地方公務員
過去問ベスト

解答・解説

CONTENTS

❶ 答 5

判断推理／数量推理

条件を表に整理する。ア、イ、ウの各条件を表に書き込む。

種類＼色	白	青	白・青以外	計
スポーティ車				72
子供車	③	10	④	40
シティ車		30	⑤	88
計	90	64	②	①

①は、縦に合計して、72＋40＋88＝200（問題文にも200とある）
よって、②は、200－(90＋64)＝46
エの条件を式にする。③の「白色の子供車の台数」をaとおくと、
④の「白色でも青色でもない子供車の台数」＝a×4＝4a(台)
⑤の「白色でも青色でもないシティ車の台数」＝4a－10(台)

ここまでを表に入れる。

種類＼色	白	青	白・青以外	計	
スポーティ車				72	
子供車	a	10	4a	40	⑥
シティ車	x	30	4a－10	88	⑦
計	90	64	46	200	

⑥より、式を作ると、a＋10＋4a＝40
整理して、5a＝30　∴a＝6

求めるべき白色のシティ車の台数をxとおき、⑦よりシティ車で式を作ると、
x＋30＋(4a－10)＝88
a＝6を代入して、x＋30＋(24－10)＝88
よって、x＝44
以上から、白色のシティ車は44台。

② 答 4

Aを基準にして、それ以外B～Fの生まれ年をAとの差で表す。

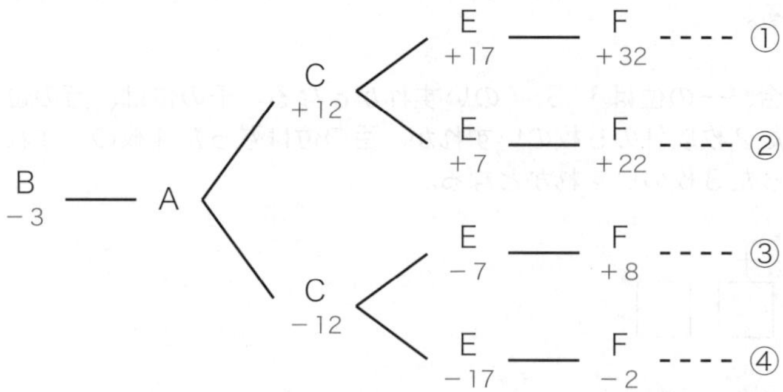

上記①～④を早く生まれた順に整理する。
カより、最も若い人は2015年に生まれているので、最も若い人を2015年生まれとして、わかっている生まれ年の差のもとに、各人の生まれ年を書く。

	差3	差12	差5	差15	
	−3	±0	+12	+17	+32
①	B	A	C	E	F
	1980 ←	1983 ←	1995 ←	2000 ←	2015年

	差3	差7	差5	差10	
	−3	±0	+7	+12	+22
②	B	A	E	C	F
	1990 ←	1993 ←	2000 ←	2005 ←	2015年

	差5	差4	差3	差8	
	−12	−7	−3	±0	+8
③	C	E	B	A	F
	1995 ←	2000 ←	2004 ←	2007 ←	2015年

	差5	差9	差1	差2	
	−17	−12	−3	−2	±0
④	E	C	B	F	A
	1998 ←	2003 ←	2012 ←	2013 ←	2015年

エより、Dの次に生まれた人が1990年生まれゆえ、1990年生まれの存在する上記の②しか成立しない。
よって、②でみると2000年に生まれた人はEとわかる。

③ 答 5　数的推理／順列

1～7の数字が書かれたカードが各1枚しかないことから、以下の①～④のパターンが考えられる。

①万の位が5の場合、一の位は1　3　7のいずれかとなる。千の位は、万の位と一の位で使った2枚以外の5枚のいずれか、百の位は残った4枚のいずれか、十の位は残った3枚のいずれかとなる。

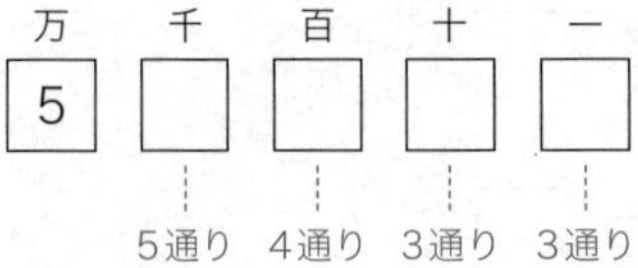

よって、5×4×3×3＝180(通り)

②万の位が7の場合も、①と同様、180(通り)

③万の位が4の場合、一の位は1　3　5　7のいずれかとなる。千、百、十の各位は残ったもののいずれでも良いから、それぞれ千の位は5枚のいずれか、百の位は4枚のいずれか、十の位は残った3枚のいずれかとなる。

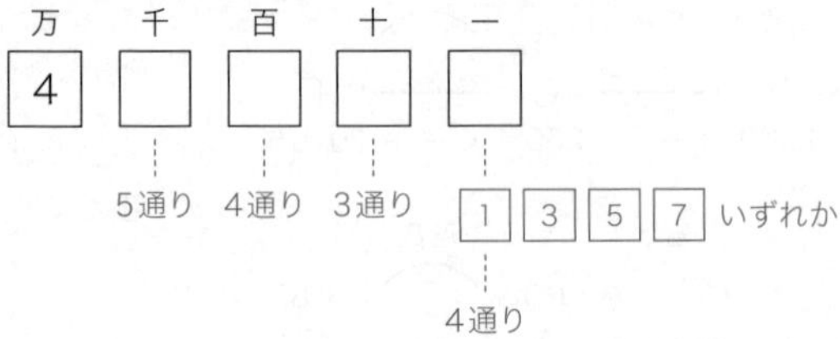

よって、5×4×3×4＝240(通り)

④万の位が6の場合も、③と同様、240(通り)

以上、①～④を合計して、180＋180＋240＋240＝840(通り)

④ 答 2

数的推理／確率

9個のボールから4個をとり出すときのとり出し方（起こりうるすべての場合の数）は、

$$ {}_9C_4=\frac{9\times8\times7\times6}{4\times3\times2\times1}=\frac{9\times\overset{2}{\cancel{8}}\times7\times\overset{1}{\cancel{6}}}{\underset{1}{\cancel{4}}\times\underset{1}{\cancel{3}}\times\underset{1}{\cancel{2}}\times1}=9\times2\times7 $$

とり出した4個の中に、赤色及び青色のボールが各1個以上含まれる場合、これを満たす場合を整理すると以下のように①～⑤の5パターンがある。①～⑤の各パターンとなるのが何通りあるかを数える。

	赤（2個）	青（3個）	白（4個）	計
①	1	1	2	4
②	1	2	1	4
③	1	3	0	4
④	2	1	1	4
⑤	2	2	0	4

①赤1個、青1個、白2個となる場合の数

$$ \underbrace{{}_2C_1}_{a}\times\underbrace{{}_3C_1}_{b}\times\underbrace{{}_4C_2}_{c}=36\text{（通り）} $$

a 赤2個のうちのどの1個かで2通り。
b 青3個のうちのどの1個かで3通り。
c 白4個のうちのどの2個かで6通り。

②赤1個、青2個、白1個となる場合の数
$ {}_2C_1\times{}_3C_2\times{}_4C_1=24 $（通り）

③赤1個、青3個、白0個となる場合の数
$ {}_2C_1\times{}_3C_3=2 $（通り）

④赤2個、青1個、白1個となる場合の数
$ {}_2C_2\times{}_3C_1\times{}_4C_1=12 $（通り）

⑤赤2個、青2個、白0個となる場合の数
$ {}_2C_2\times{}_3C_2=3 $（通り）

①～⑤の各パターンの場合の数の合計は、$36+24+2+12+3=77$（通り）

以上より、確率は $\frac{77}{9\times2\times7}=\frac{\overset{11}{\cancel{77}}}{9\times2\times\underset{1}{\cancel{7}}}=\frac{11}{18}$ となる。

5 答 5

判断推理／命題

条件ア～エを記号化する。

ア 野　球 → テニス ……①
イ サッカー → $\overline{\text{野　球}}$ ……②
ウ $\overline{\text{テニス}}$ → $\overline{\text{サッカー}}$ ……③
エ ゴルフ → サッカー ……④

$p \to q$（pならばq）が成り立つとき、$\overline{q} \to \overline{p}$ が成立する（qでなければpではない）。これが対偶。

①～④はそれぞれ対偶も成立するので書き出すと、

①´ $\overline{\text{テニス}}$ → $\overline{\text{野　球}}$ ……⑤
②´ 野　球 → $\overline{\text{サッカー}}$ ……⑥
③´ サッカー → テニス ……⑦
④´ $\overline{\text{サッカー}}$ → $\overline{\text{ゴルフ}}$ ……⑧

各選択肢を検討すると、選択肢１～４は正しいとはいえない。
選択肢５は、④「ゴルフ → サッカー」と⑦「サッカー → テニス」とが三段論法でつなげられるので、「ゴルフが好きな社員は、テニスが好きである」といえる。よって、これが正しい。

6 答 3

数的推理／時計算

選択肢から見て、求める時刻は９時10分前後である。求める時刻を９時x分として長針、短針の進み具合を図示する。

長針の回転速度　60分で１回転（360°）だから、１分間に６度
短針の回転速度　60分で30°だから、１分間に0.5度

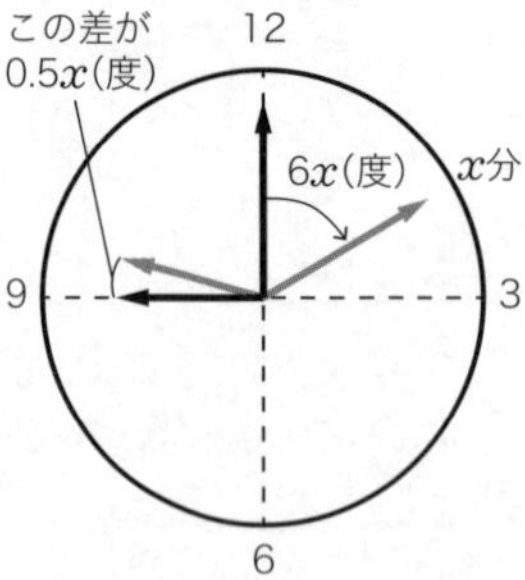

左図より右図の角度Aは$(90-0.5x)$度とわかる。

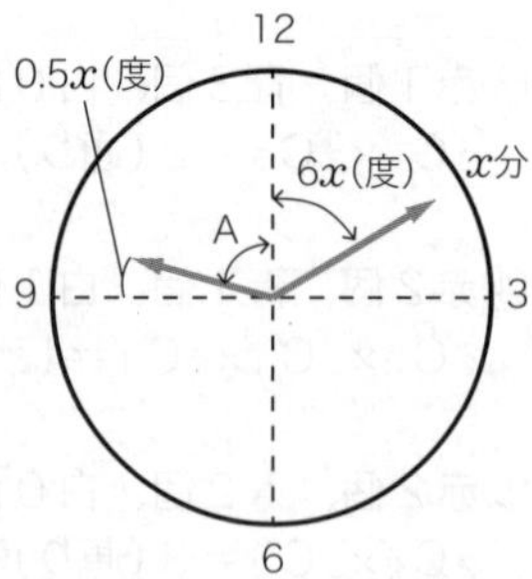

よって、$(90-0.5x)+6x=145$、$5.5x=55$、$x=10$
以上より、求める時刻は９時10分。

7 答 1

数的推理／売買と割合

売買の問題で、仕入価格、販売価格、仕入個数の実数が示されず割合だけが示されている場合は、任意の値(例えば、100円や100個)などを入れて方程式をたてる。

仕入価格＝100円とおく。

ケーキ１個の仕入価格を100円とおく。
このとき、仕入価格の２割増の販売価格は120円。
閉店間際まで売れ残っていたため、販売価格の２割引で売った個数をx個とする。
全部で100個だから、販売価格で売れた個数は、$(100-x)$個である。

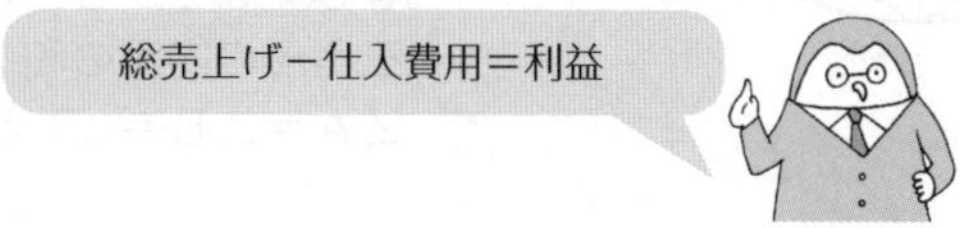
総売上げー仕入費用＝利益

・１個あたりの仕入価格……100(円)
・100個分の仕入価格(＝仕入費用)……100×100＝10000(円)
・１個あたりの販売価格……仕入価格の２割増。100＋100×0.2＝120(円)
・販売価格から２割引……120－120×0.2＝96(円)

$$\underbrace{120\times(100-x)+96\times x}_{\text{総売上げ}}-\underbrace{100\times100}_{\text{仕入費用}}=\underbrace{10000\times0.152}_{\text{利益}}$$

$$12000-120x+96x-10000=1520$$
$$24x=480$$
$$x=20$$

8 答 2

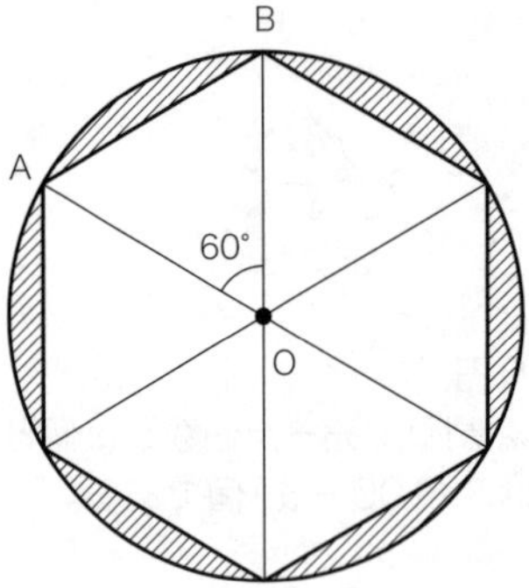

左図のように正六角形の対角線を引くと、円の中心OとA、Bが作る中心角AOBは、360÷6＝60(度)とわかる。

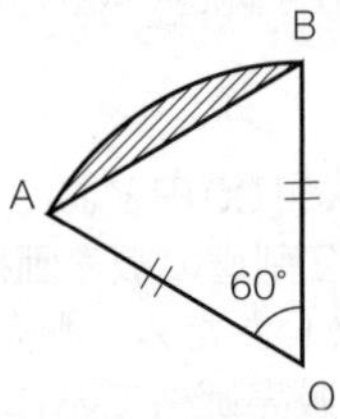

OA、OBは共に半径であるから、OA＝OB。つまり、△OABは二等辺三角形とわかる。二等辺三角形の2つの底角∠Aと∠Bは等しくなるから、∠A＝∠B
三角形の内角の和は180°ゆえ、∠A＝∠B＝60°とわかる。

ゆえに、△OABは3つの角が60°であるから正三角形とわかる。
問題文より、正六角形の一辺の長さはa。よって、AB＝a。
△OABは正三角形ゆえ、OA＝OB＝aとわかる。

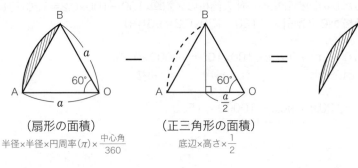

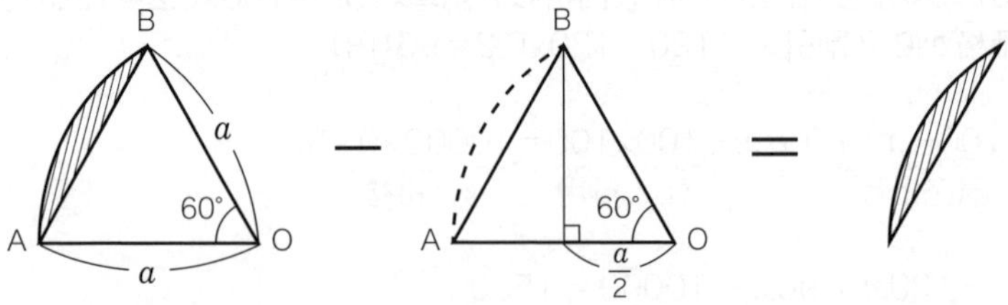

(扇形の面積)
半径×半径×円周率(π)×$\frac{中心角}{360}$

(正三角形の面積)
底辺×高さ×$\frac{1}{2}$

$$a \times a \times \pi \times \frac{60}{360} \quad - \quad a \times \frac{a}{2}\sqrt{3} \times \frac{1}{2} \quad = \frac{a^2\pi}{6} - \frac{a^2\sqrt{3}}{4}$$

求める面積は、が6個分なので、

$$\left(\frac{a^2\pi}{6} - \frac{a^2\sqrt{3}}{4}\right) \times 6 = a^2\pi - \frac{6a^2\sqrt{3}}{4} = \left(\pi - \frac{3\sqrt{3}}{2}\right)a^2$$

よって、答えは選択肢2となる。

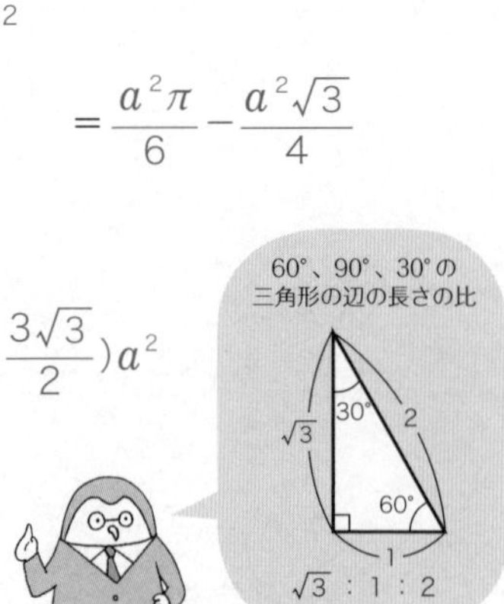

9 答 5

文章理解／現代文

1 第１段落に書かれている内容だが、死についてしか触れておらず、主旨としては不適。
2 選択肢１と同様、第１段落に書かれている内容であるが、主旨としては不十分。
3 内容は合っているが、主旨としては生と死の価値について触れる必要がある。
4 聖人君子の内容はあくまで一例。死と生との関係について触れるべきである。
5 死を軽んずるべきではない、という筆者の主張が含まれているため、妥当である。

10 答 4

文章理解／英文

1 「先進国における人件費上昇」→「移民増加」が正しいため、原因と結果が逆になっている。
2 本文では移民が労働者として多く働いている国々において、国内労働者は販売員といったコミュニケーション能力を要する職に移行すると記述されている。本文と反対のことが述べられている。
3 本文に書かれていない。
4 本文７～８行目に「many economists say that immigration is beneficial both for foreign and domestic workers,」とあり、一致している。
5 移民の増加は僅かではなく、本文３行目に「dramatically」と書かれており「劇的な」増加である。

〔日本語訳〕

すべての先進国では、人件費の上昇に伴い、より良い生活を求めてこれらの国々へ移住する労働者が劇的に増えた。
アメリカ合衆国における研究では多くの移民が労働者として働いている州で、国内労働者はコミュニケーション能力を要する職、例えば販売員に移行すると示された。
多くの経済学者が移民は外国人労働者と国内労働者の双方に有益となるといくらいっても、一般人にはそれを信じることは困難である。

〔押さえておきたい英単語〕

・advanced country：先進国
・labor costs：人件費
・a number of ＋複数形：数多くの～
・in search of ～：～を求めて
・dramatically：劇的に
・immigrant ：移民
・labor：労働
・laborer：労働者
・domestic：国内の
・involve：～を含む
・salespeople：販売員
・beneficial：有益な
・ordinary people：一般人

⑪ 答 3

人文科学／日本史

1 国分寺と国分尼寺は、いずれも聖武天皇により建てられた。
2 行基は東大寺の大仏建立に貢献した。
3 正しい。
4 円覚寺は、北条時宗により建てられた。
5 道元は、曹洞宗の開祖である。時宗は一遍が開いた鎌倉仏教の１つ。

⑫ 答 5

人文科学／日本史

1 日本列島改造論は、田中角栄が1972年６月11日に発表した政策である。
2 1960年代前半の実質経済成長率は9.2%、60年代後半は11.1%であり、５%をはるかに上回っていた。また日本は、1964年に経済協力開発機構に加盟した。
3 東海道新幹線は、東京オリンピック開会直前の1964年に開業した。
4 1974年の成長率は－1.2%を記録し、戦後初のマイナス成長であった。
5 正しい。

⑬ 答 1

社会科学／政治

1 正しい。憲法66条に規定されている。
2 衆議院議員に限定されておらず、「過半数は国会議員」でなければならない（憲法68条１項）。
3 憲法73条３号に、「時宜によつては事後に、国会の承認を経ることを必要とする」とあり、事後の国会承認も認められている。
4 恩赦はすべて内閣の閣議によって決定される（憲法73条７号）。
5 下級裁判所の裁判官は、最高裁判所の指名した者の名簿によって、内閣が任命する（憲法80条）。

⑭ 答 1

自然科学／生物

アレルギーとは、あるものに対して過敏に反応する状態で、免疫反応が関係するものを指す。また、免疫反応とは外来の異物（抗原）を排除するために働く、生体にとって不可欠な機能である。
アレルゲンとは、アレルギー疾患を持っている人の抗体（病気に対抗するために作られる物質）と反応する抗原のことである。アレルゲンが体内に侵入すると、マスト細胞はヒスタミンなど炎症性物質を放出し、これが原因となり、体の局所で炎症が引き起こされる。

2nd DAY｜一般知能

問題は本冊22～27ページ

❶ 答 2

判断推理／試合

条件カを下図のように仮に入れてみる。

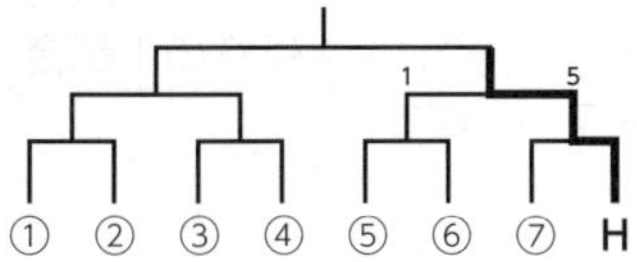

条件ウ、エより、Cは上図の⑤～⑦には入らず、①～④のどこかとわかる。
①～④の入り方は、次の(ｉ)(ⅱ)の２通りが考えられる。(ｉ)は③④、(ⅱ)は②④でも同じ。

(ｉ)

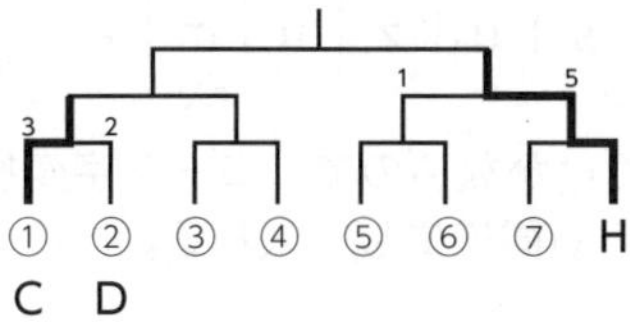

(ⅱ)

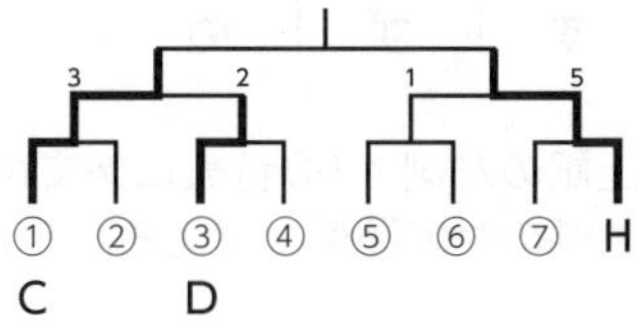

(ⅱ)だとCはDに３対２で勝つので、決勝でCがHと対戦することになり、条件ウに反する。
したがって(ｉ)であり、CはHと対戦しない(条件ウ)ので、２回戦で負けることがわかる。条件イのA-B戦、条件オのE-F戦のどちらかが③④に入るので、Cが２回戦で負ける相手はAかEとなる。

(ⅲ)

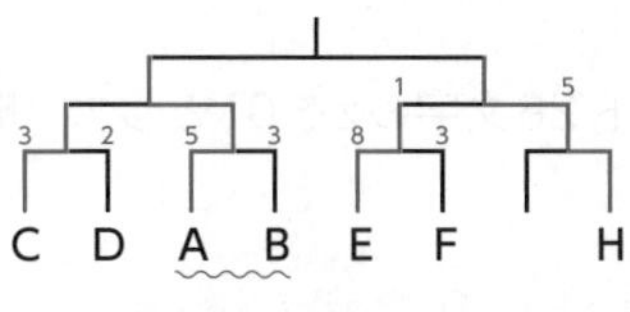

(ⅳ)

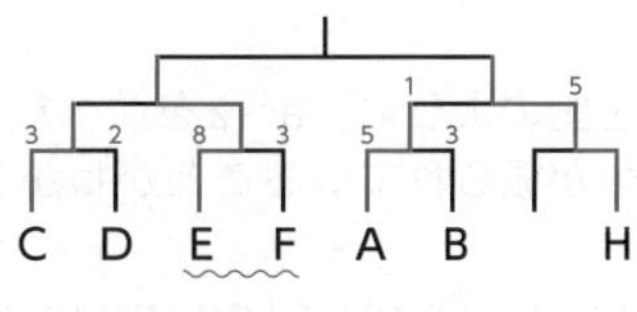

(ⅲ)の場合、決勝戦はA-H戦、(ⅳ)の場合、決勝戦はE-H戦となる。
つまり、(優勝，準優勝)は(A,H) (H,A) (E,H) (H,E)のいずれかとなり、選択肢１と選択肢３は違うことがわかる。よって優勝者は、AかEかHとわかる。

優勝するには３回勝つ必要がある。３チームとも３回のうち１回の対戦が示されており、その得失点差はそれぞれ、Aは２点差、Eは５点差、Hは４点差で勝っている。

条件アより、残り2試合の得失点差を合わせて5点にして優勝できるのは、Aしかいない。
問題文の条件より引き分けはないので、残りの2試合を1点差(例えば2-1)で勝ったとしても、以下のとおり、EとHの得失点差は必ず5点より大きくなる。

E-F戦	8－3	Hの2回戦	5－1
残りの1試合	2－1	残りの1試合	2－1
残りの1試合	2－1	残りの1試合	2－1
	12－5 …7点差		9－3 …6点差

② 答 3

判断推理／暗号

原文と暗号の対応関係を考える。

0806	0106	1422
す	ず	め

08	06	01	06	14	22
s	u	z	u	m	e

上記の左側で50音表にあてはめてもうまくいかないので、ローマ字変換して右側の対応関係で考える。ここに「むくどり」も同様にして入れる。

14	06	16	06	23	12	09	18
m	u	k	u	d	o	r	i

a	b	c	d 23	e 22	f	g	h	i 18	j	k 16	l	m 14
n	o 12	p	q	r 09	s 08	t	u 06	v	w	x	y	z 01

上記のように、a～zを並べたアルファベット26文字のzを01として、順に番号が振られていることがわかる。よって

16	26	04	26	08	22	14	18
k	a	w	a	s	e	m	i

となり、答えは選択肢3。

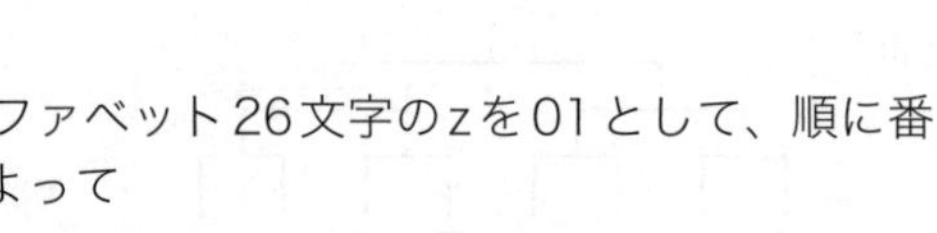

文字数で対応関係を考える。
ローマ字変換、英語変換をして、
文字数を変えてみる。

③ 答 3

判断推理／順序

各条件を図示する。

ア　AE　→　空港

イ　G○B　→　空港

ウ　⑦⑥⑤④③②①　→　空港

　　A（⑥⑤④にわたる）

　　G（⑦⑥⑤にわたる）

エ　B～F　→　空港

　　B～C　→　空港

アとウの条件より、AとEの順序を考えると次の３通りである。

（ⅰ）７６５４３２１　GAE（７６５の下）

（ⅱ）７６５４３２１　AE（５４の下）、G（７６の範囲）

（ⅲ）７６５４３２１　AE（４３の下）、G（７６５の範囲）

イの条件より、上記（ⅰ）（ⅱ）は不適切で（ⅲ）であることがわかる。

７６５４３２１

G　BAE

エより、１番、２番にCかFが入るとわかるが、CとFの順序は不明。また、残ったDが６番とわかる。よって、答えは選択肢３。

④ 答 5

判断推理／集合

下のような図で整理する。

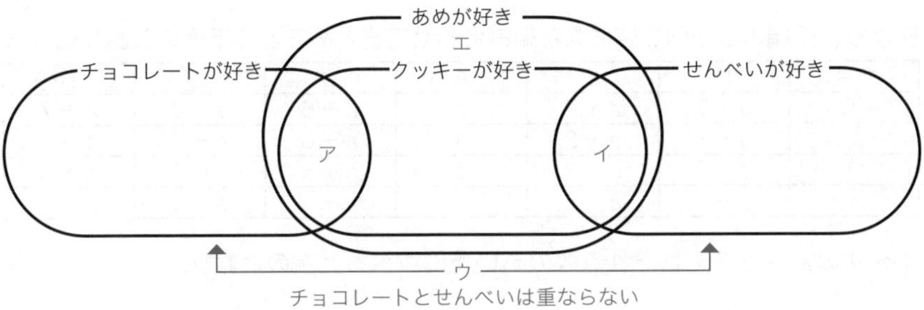

1　クッキーが好きでも、必ずせんべいが好きとはいえない。

2　クッキーが好きでも、必ずチョコレートが好きとはいえない。

3　せんべいとチョコレートの両方が好きな人はいないので、４つとも好きな人はいない。

4　あめだけが好きな人がいるかどうかはア～エの条件からはわからない。

5　せんべいが好きで、クッキーが好きな人（イ）は、あめが好きである（エ）。

5 答 4

判断推理／数量推理

アよりAとBの点数差が５点ということは、Aをａ点とすると、B＝ａ－５またはB＝ａ＋５となる。
B＝ａ－５の場合、イより、BとCの点数差は２点であるから、C＝ａ－５＋２もしくはC＝ａ－５－２とできる。この式を整理すると、C＝ａ－３もしくはC＝ａ－７となる。
同様にDとEもAとの差という形で表すと、次の図のようになる。

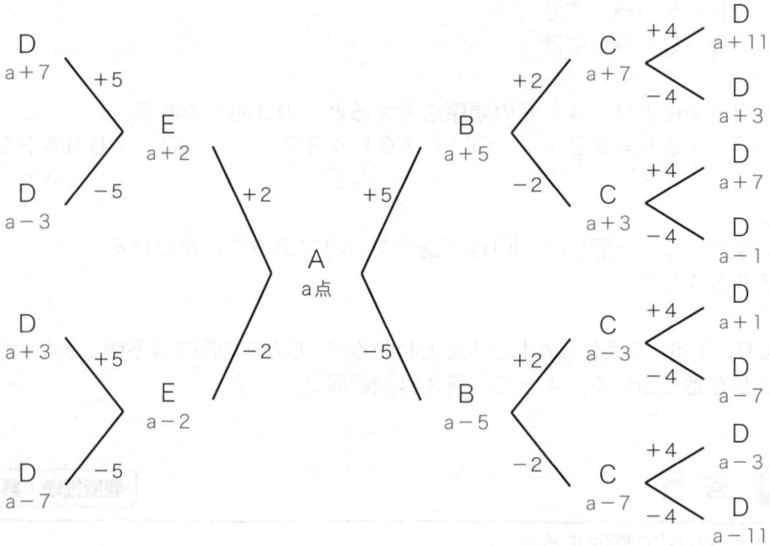

図より、両端のDが同じ値になる組み合わせをまとめると、下表のとおりになる。

	D	E	A	B	C	D
①	a＋7	a＋2	a	a＋5	a＋3	a＋7
②	a－3	a＋2	a	a－5	a－7	a－3
③	a＋3	a－2	a	a＋5	a＋7	a＋3
④	a－7	a－2	a	a－5	a－3	a－7

①～④のA～Eをそれぞれ点数の高い順に並べると次のとおり。

	1番	2番	3番	4番	5番
①	D	B	C	E	A
②	E	A	D	B	C
③	C	B	D	A	E
④	A	E	C	B	D

以上より、３番目に点数が高かった人はCもしくはDである。

6 答 3

数的推理／整数

連続する6つの自然数を$a-2$、$a-1$、a、$a+1$、$a+2$、$a+3$とおく。

それぞれの2乗の和が2299ゆえ、

$(a-2)^2+(a-1)^2+a^2+(a+1)^2+(a+2)^2+(a+3)^2=2299$

$\Rightarrow\ 6a^2+6a+19=2299$

$\Rightarrow\ 6a^2+6a=2280$

$\Rightarrow\ a^2+a=380$

$\Rightarrow\ a(a+1)=380$

380を素因数分解すると、

$380=2\times2\times5\times19$

$380=a(a+1)$となるように考える。

$2\times2\times5=20$なので、

$380=20\times19$とすることができる。

$380=a(a+1)$のaは19とわかる。

この6つの自然数の和は、

$(a-2)+(a-1)+a+(a+1)+(a+2)+(a+3)=6a+3$

したがって、$6\times19+3=117$

困ったときには素因数分解を使おう。

$$\begin{array}{r|r} 2 & 380 \\ \hline 2 & 190 \\ \hline 5 & 95 \\ \hline & 19 \end{array}$$

$380=\underbrace{2\times2\times5}_{20}\times19$

7 答 1

数的推理／速さ

各人の出発時刻は、アよりAは9時、ウよりCは9時20分、
するとイより、Bは9時10分、
よってエより、Dは9時14分である。
イより、CがBに追いついた地点までの距離をℓ(m)とすると、

・Bの速さは、$\ell \div 40 = \dfrac{\ell}{40}$

・Cの速さは、$\ell \div (40-10) = \dfrac{\ell}{30}$

したがって、BとCの速さの比は、$\dfrac{\ell}{40} : \dfrac{\ell}{30}$ となる。

かかる時間の比
⇒40分：30分＝4：3
ならば速さの比
⇒3：4

これを整数比に直すと、3：4となる。
同様に、ウより、AとCの速さの比は1：3、エより、BとDの速さの比は3：4。

ここまで各人の速さの比をまとめると、
B：C＝3：4、A：C＝1：3、B：D＝3：4

C：D＝4：4＝1：1
ゆえ、A：D＝1：3とわかる。

以上より、AとDの速さの比は1：3

そこで、AとDの速さをそれぞれa、$3a$とおく。
DはAより14分遅れてスタートしている。DがAに追いつくまでの時間をx分、追いついた地点までの距離をP(m)とすると、Aについて、$a \times (14 + x) = P$、Dについて、$3a \times x = P$と式を立てることができる。
これを解くと$x = 7$となる。

9時14分に出発したDがAに追いつくまで7分かかるので、追いついたのは9時21分とわかる。
よって、答えは1。

8 答 1

数的推理／確率

まず、起こりうるすべての場合の数を数える。
赤球6個、白球6個、黄球4個の合計16個の中から、3個をとり出すときのとり出し方は、

$$ {}_{16}C_3=\frac{16\times15\times14}{3\times2\times1}=8\times5\times14 $$

8×5×14は
計算しないでおいておこう。

すべて同じ色になる場合の数は、次のとおり。

①赤球3つ……$ {}_{6}C_3=\frac{6\times5\times4}{3\times2\times1}=20$(通り)

②白球3つ……$ {}_{6}C_3=\frac{6\times5\times4}{3\times2\times1}=20$(通り)

③黄球3つ……$ {}_{4}C_3=\frac{4\times3\times2}{3\times2\times1}=4$(通り)

よって、3つが同じ色になるのは、20＋20＋4＝44(通り)

以上より、すべて同じ色になる確率は、$\frac{44}{8\times5\times14}=\frac{11}{2\times5\times14}=\frac{11}{140}$である。

9 答 3

判断推理／空間把握

図Ⅰの展開図を組み立てる。

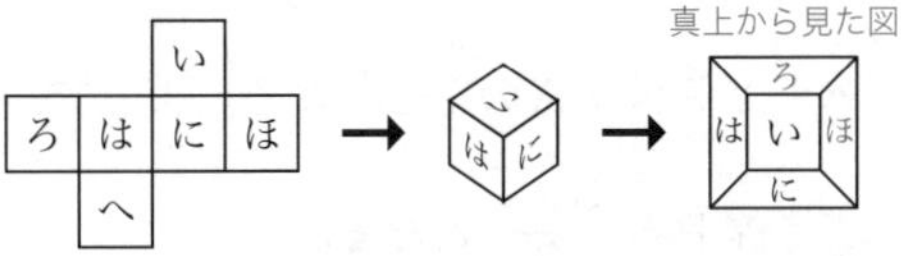

文字の向きは本問では気にしなくて良い。
よって、ははははどれも同じものとして扱って良い。

真上から見たサイコロを図Ⅱにおく。

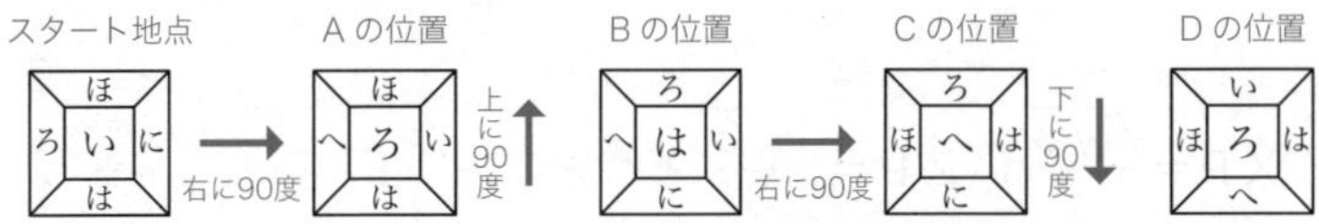

図のとおり、Cの位置の上面は「へ」、Dの位置の上面は「ろ」である。

10 答 2

数的推理／図形

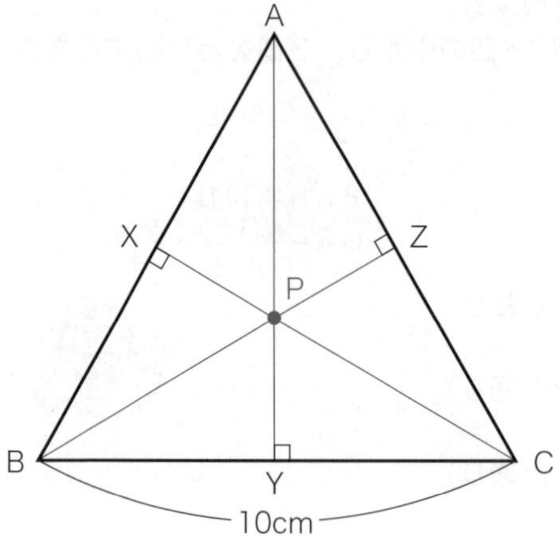

問題文には「内部に任意の点Ｐがある」と書かれているので、点Ｐを正三角形ＡＢＣの重心として考えてみる。
三角形の重心は３本の中点の交点であるが、正三角形の場合、３本の中線は各辺と垂直に交わるため、問題文の条件を満たすからである。

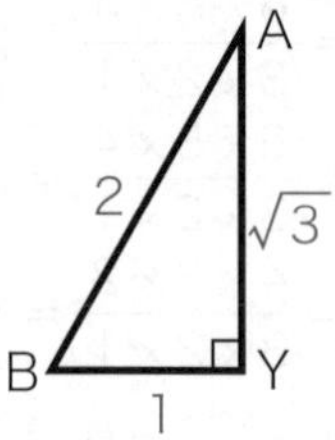

△ＡＢＹは、３つの角が30°、60°、90°の三角形であるから、辺の長さの比は、ＡＢ：ＢＹ：ＹＡ＝２：１：$\sqrt{3}$となる。

Ｐを重心としたのでＡＹは中線であり、ＹはＢＣの中点であるから、
ＢＹ＝５(cm)である。よって、ＹＡ＝$5\sqrt{3}$(cm)とわかる。

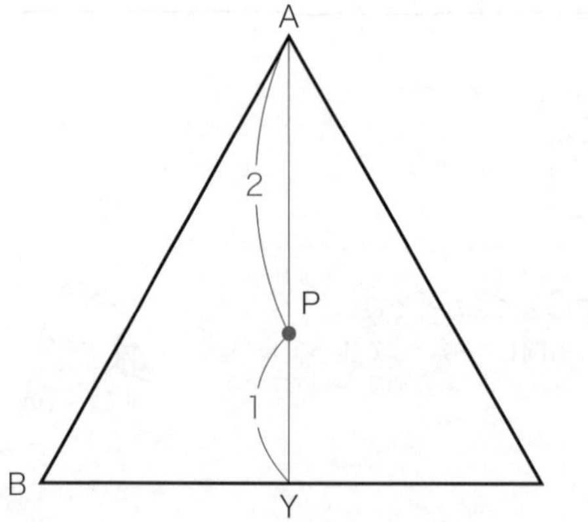

重心は中点を２：１に内分するので、

ＹＰはＹＡの$\frac{1}{3}$とわかる。よって、

ＹＰ＝$\frac{5\sqrt{3}}{3}$となる。

同様に、ＸＰ＝$\frac{5\sqrt{3}}{3}$、ＺＰ＝$\frac{5\sqrt{3}}{3}$となる。

以上より、ＸＰ＋ＹＰ＋ＺＰ＝$\frac{5\sqrt{3}}{3}+\frac{5\sqrt{3}}{3}+\frac{5\sqrt{3}}{3}=5\sqrt{3}$

11 答 5

資料解釈

1 平成25年の対前年増加率は、

「海上保安庁以外の救助」…… $\frac{806-784}{784}\times100=\frac{22}{784}\times100$

「自力入港」…… $\frac{725-667}{667}\times100=\frac{58}{667}\times100$

分子と分母の関係から、$\frac{22}{784}<\frac{58}{667}$とすぐわかる。

よって、「海上保安庁以外の救助」のほうが「自力入港」よりも対前年増加率は小さいので、誤り。

対前年増加率の求め方

$$\frac{当年の数-前年の数}{前年の数}\times100$$

2 平成26年の対前年減少数は、
「海上保安庁救助」……43隻
「海上保安庁以外の救助」……69隻
よって、誤り。

3 平成23年を見ると、「全損又は行方不明」は299隻なので、その3倍は897隻となり、明らかに「自力入港」の690隻よりも多いので、誤り。

4 平成22年を100とおいたとき平成24年は110を上回っているということは、10%以上増えているということである。
平成22年の「海上保安庁救助」は531隻。531の10%増は、531＋53＝584(隻)となる。
平成24年の「海上保安庁救助」は572隻ゆえ、指数は110を下回る。よって、誤り。

5 各年の隻数と725隻との差を見ると、

22年	23年	24年	25年	26年
＋155	－35	－58	±0	－33

この3つを足すと－126

725を超すぶんが155、足りないぶんが126なので、平均値は725隻を上回ることがわかる。よって、正しい。

2nd DAY 一般知識

問題は本冊28～29ページ

⑫ 答 4

人文科学／世界史

1 中国国民党を組織したのは、孫文である。陳独秀が結成したのは中国共産党。
2 共産党員を国民党員として受け入れる、国民党改組も行われた。
3 五・四運動は、パリ講和会議で二十一カ条解消要求が拒否されたことから、北京の大学生が始めた抗議運動である。
4 正しい。
5 張作霖についての記述である。

⑬ 答 3

人文科学／世界史

1 ウィルソン大統領は本部がジュネーブにある国際連盟創設を提唱したのであり、国際連合はルーズベルト大統領により提唱された。
2 国連総会の決議は、重要問題を除き、出席しかつ投票する構成国の過半数によって行われる。
3 正しい。
4 経済社会理事会は、経済及び社会問題全般に関して必要な議決や勧告等を行う機関であり、現在も活動継続中である。活動を停止したのは信託統治理事会。
5 国連平和維持活動については、国連憲章上に明文の規定はない。

⑭ 答 2

社会科学／経済

1 国民純福祉（NNW）についての記述である。
2 正しい。
3 国富とは、ある一時点において国民が保有している資産の総額を表す、ストックの概念である。
4 国民総生産（GNP）についての記述である。
5 後半部分は、国民所得（NI）についての記述である。国民所得＝国民純生産－間接税＋補助金で算出される。

⑮ 答 1

自然科学／化学

金属の単体が水または水溶液中で電子を放出して陽イオンになろうとする性質を、金属のイオン化傾向と呼ぶ。イオン化傾向が大きい金属ほど、金属の原子が酸化されて水和した陽イオンになりやすい。また、「イオン化傾向が小さい金属イオンの水溶液」に「イオン化傾向の大きな金属」を入れると、イオン化傾向の小さい金属が析出する。このことを金属樹という。

1 答 5

判断推理／順序

ウより「Cの４人後にEがゴールした」を考えると、次の２通りのいずれかしかない。

　1位　2位　3位　4位　5位　6位
① C ―〇―〇―〇― E ―□
② □― C ―〇―〇―〇― E

この①②それぞれにエ「Eの３人まえにDがゴールした」を入れる。

　1位　2位　3位　4位　5位　6位
① C ―Ⓓ―〇―〇― E ―□
② □― C ―Ⓓ―〇―〇― E

ア「AはDより早かった」は、①では成り立たない。②にアの条件を入れる。

　1位　2位　3位　4位　5位　6位
② [A]― C ― D ―〇―〇― E

イ「Bはゴール直前で２人を追い越した」なので、Bは４位以上だとわかる。

　1位　2位　3位　4位　5位　6位
② A ― C ― D ― B ―〇― E

以上より、残ったFが５位となる。
よって、１位から順にA ― C ― D ― B ― F ― Eが確定し、答えは選択肢５となる。

❷ 答 3

判断推理／対応関係

条件から判明している内容を整理すると下表のとおりになる。

	国語	数学	英語	体育	美術
A	ア ○		ア ○		ア ×
B	イ ×	イ ○		イ ○	
C	ア ○		ア ○		ウ ×
D		エ ×	エ ○	エ ○	

ウより、CはBと同じ得意教科が２つある。もしBの残り１つの得意教科が、Cの不得意な美術である場合、BとCの共通の得意教科は数学と体育となるが、Cの得意教科が４つとなり条件に反する。よって、Bの残り１つの得意教科は英語、残り１つの不得意教科は美術と決まる。

	国語	数学	英語	体育	美術
A	○		○		×
B	×	○	○	○	×
C	○		○		×
D		×	○	○	

この時点で、答えは選択肢３であることがわかるが、ほかの選択肢が確実にはいえない点も確認する。
まず、４人中３人について美術が不得意であることが確定しているので、選択肢５は不適。
次に、オより「全員が得意な教科」は１つだけで、英語であることが確定しているので、AとCの少なくとも１人は体育が不得意であることがわかる。よって、選択肢４は不適。
同時に、AとCの少なくとも１人は数学が得意であることも確定するので、選択肢２は不適。
そして、オの「１人だけが得意な教科」が成立するのは美術だけとなり、Dは美術が得意で、国語が不得意であることが確定する。よって、選択肢１は不適。

	国語	数学	英語	体育	美術
A	○	○ or ×	○	○ or ×	×
B	×	○	○	○	×
C	○	○ or ×	○	○ or ×	×
D	×	×	○	○	○

少なくとも１人は○となる　　少なくとも１人は×となる

③ 答 5

判断推理／対応関係

条件から判明している内容を整理すると下表のとおりになる。

	インド	オランダ	カナダ	韓国	中国	ドイツ	ブラジル	メキシコ
A								
B	カ ×	カ ×	ウ ×		ウ ×		ア ×	ウ ×
C	カ ×	カ ×						
D		オ ×					オ ×	

まず、B、C、Dはオランダへ出張していないので、Aの出張先のうち１か国はオランダに決まる。
次に、インドへ出張した人は、AかDとなるが、オランダに出張しているAがインドにも出張していた場合、カが成立しなくなるため、インドへ出張したのはDで確定する。
また、エより、オランダに出張したAは、カナダとブラジルには出張していないとわかる。
A、B、Dがブラジルに出張していないことが確定したので、ブラジルに出張した人はCに決まる。
そして、エより、ブラジルに出張したCは、カナダには出張していないとわかる。

	インド	オランダ	カナダ	韓国	中国	ドイツ	ブラジル	メキシコ
A	×	○	×				×	
B	×	×	×		×		×	×
C	×	×	×				○	
D	○	×					×	

この時点で、Cの出張先として選択肢１、２、３、４が成立しなくなるため、消去法から答えは選択肢５と決まるが、念のためCのもう１か国の出張先がメキシコであることを確認しておく。
まず、A、B、Cがカナダに出張していないことが確定したので、カナダに出張した人はDに決まる。よって、Dは韓国、中国、ドイツ、メキシコには出張してないことも確定する。
次に、イより、Cは中国に出張していないことがわかる。よって、B、C、Dが中国に出張していないことが確定するので、中国に出張した人はAに決まる。同時に、Aは韓国、ドイツ、メキシコに出張していないことも確定する。
A、B、Dがメキシコに出張していないことがわかったので、Cの出張先がメキシコであることも確定する。

	インド	オランダ	カナダ	韓国	中国	ドイツ	ブラジル	メキシコ
A	×	○	×	×	○	×	×	×
B	×	×	×		×		×	×
C	×	×	×		×		○	○
D	○	×	○	×	×	×	×	×

④ 答 2

判断推理／暗号

まず、暗号として使われている文字は「月・火・水・木・金・土・日」なので、曜日が関係していることが推測できる。そして、原文と対応する暗号より、次の関係性が読み取れる。

(原文)	→ (暗号)			(原文)	→ (暗号)		
頭	月月	水火	金水	荷物	木月	金日	水木
	あ	た	ま		に	も	つ

ひらがなの50音表を作成し、原文を当てはめてみると次のとおりになる。

	あ	か	さ	た	な	は	ま	や	ら	わ
あ	月月			水火			金水			
い					木月					
う				水木						
え										
お							金日			

た行を見ると、「た」「ち」「つ」の右側の文字は火→水→木と曜日の順番となっている可能性が読み取れる。その原則に沿って、以降も曜日の順番で入れていくと次のように「た」から「も」までつながる。

	あ	か	さ	た	な	は	ま	や	ら	わ
あ	月月			水火	○日	○金	金水			
い				○水	木月	○土	○木			
う				水木	○火	○日	○金			
え				○金	○水	○月	○土			
お				○土	○木	○火	金日			

次に、暗号の左側の文字の規則性について検討する。
原文より、た行の「た」「つ」の左側の文字が水、ま行の「ま」「も」の左側の文字が金となっているので、「た」「ち」「つ」の左側の文字はすべて水、「ま」「み」「む」「め」「も」の左側の文字はすべて金になると推測できる。

一方、ひらがなの最初の文字である「あ」の左側の文字が月であることから、左側も月から始まる曜日の順番であることが読み取れる。

暗号の右側の文字は「月→火→水→木→金→土→日」の７文字が切り替わるので、左側も７つ単位、すなわち月が７つ、火が７つではないかと疑ってみる。
すると、下表のようにうまくつながる。

	あ	か	さ	た	な	は	ま	や	ら	わ
あ	月月	月〇	火〇	水火	水〇	木〇	金水	土〇	土〇	日〇
い	月〇	月〇	火〇	水〇	木月	木〇	金〇	土〇	土〇	
う	月〇	火〇	火〇	水木	木〇	木〇	金〇	土〇	日〇	
え	月〇	火〇	火〇	水〇	木〇	金〇	金〇	土〇	日〇	
お	月〇	火〇	水〇	水〇	木〇	金〇	金日	土〇	日〇	

以上より、暗号の規則性は下表のとおりになる。

	あ	か	さ	た	な	は	ま	や	ら	わ
あ	月月	月土	火木	水火	水日	木金	金水	土月	土土	日木
い	月火	月日	火金	水水	木月	木土	金木	土火	土日	
う	月水	火月	火土	水木	木火	木日	金金	土水	日月	
え	月木	火火	火日	水金	木水	金月	金土	土木	日火	
お	月金	火水	水月	水土	木木	金火	金日	土金	日水	

この暗号変換表を使うと、設問の「火日月土月火」は

火日	月土	月火
せ	か	い

が該当するので、「せかい」すなわち「世界」とわかる。

5 答 2

数的推理／図形

点Ａと点Ｅ、点Ａと点Ｇをそれぞれ結ぶ。

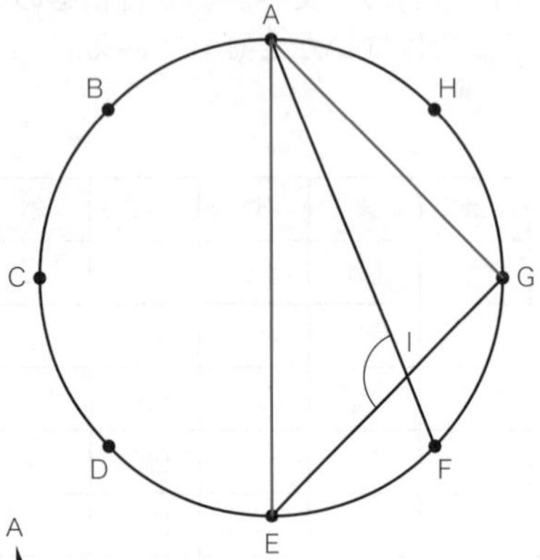

ＡＥは直径なので、$\overset{\frown}{\text{AE}}$の作る円周角∠ＡＧＥ＝90°である。
また、ＧＡとＧＥの長さは等しいので、△ＧＡＥは∠Ｇが90°の直角二等辺三角形である。よって、△ＧＡＥの∠Ａと∠Ｅはそれぞれ45°とわかる。
$\overset{\frown}{\text{EF}}$と$\overset{\frown}{\text{FG}}$の長さは等しいので、それぞれが作る円周角∠ＥＡＦと∠ＦＡＧは等しい。
よって、∠ＥＡＧ＝45°ゆえ、
∠ＥＡＦ＝∠ＦＡＧ＝22.5°とわかる。

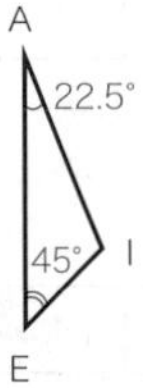

△ＩＡＥに着目すると、三角形の内角の和は180°ゆえ、
∠ＡＩＥ＝180－(22.5＋45)＝112.5(度)

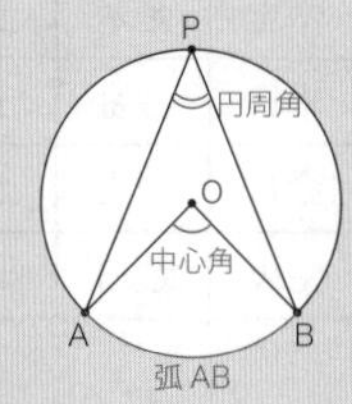

・弧ＡＢと円の中心Ｏとが作る∠ＡＯＢを弧ＡＢに対する中心角という。
・弧ＡＢと円周上の１点Ｐとが作る∠ＡＰＢを弧ＡＢに対する円周角という。Ｐを円周上のどこにとっても等しい角度となる。
・同じ弧の作る円周角は中心角の半分。
$\angle \text{AOB} \times \frac{1}{2} = \angle \text{APB}$

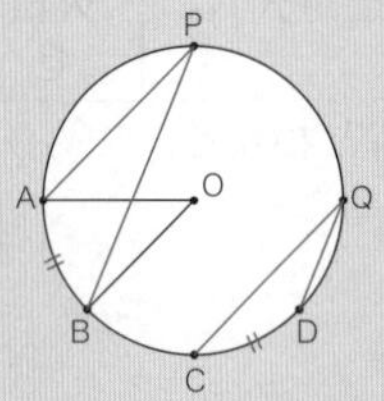

・同じ長さの弧が作る中心角、円周角はそれぞれ等しい。$\overset{\frown}{\text{AB}}=\overset{\frown}{\text{CD}}$のとき、∠ＡＰＢ＝∠ＣＱＤ

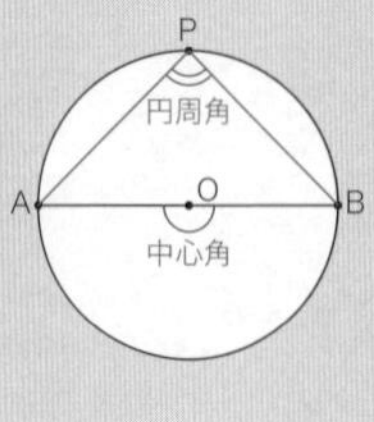

・円の直径を弧とするとき、中心角は180°、円周角は90°

⑥ 答 2

数的推理／整数

AとBの最大公約数が10ということは、AもBも10で割り切れるということゆえ、次のように表すことができる。

A÷10＝□ → A＝10×□ ……①
B÷10＝□ → B＝10×□ ……②

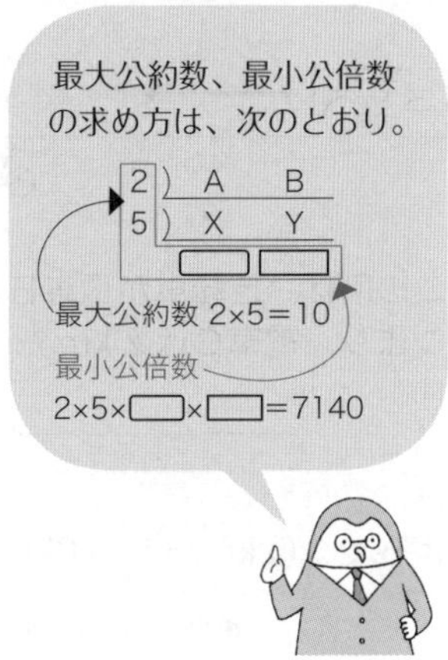
最大公約数、最小公倍数の求め方は、次のとおり。
2) A B
5) X Y
最大公約数 2×5＝10
最小公倍数
2×5×□×□＝7140

次に最小公倍数7140を素因数分解する。

2) 7140
2) 3570
3) 1785
5) 595
7) 119
17

7140＝2×2×3×5×7×17
AとBの最大公約数が10(つまり2×5)なので並び替えると、
7140＝2×5×2×3×7×17
この部分をAとBの因数として振り分ける

問題文より「AはBより130大きい」ので、A－B＝130
ここに上の式①②を代入すると、10×□－10×□＝130 ……③

□と□に、式が成立するように2、3、7、17を振り分けることを考える。

まず、③の両辺を10で割っておく。
□－□＝13 ……④
この□と□に2、3、7、17をうまく入れて、④が成り立つように考える。次のように入れると成り立つ。
2×17－3×7＝13

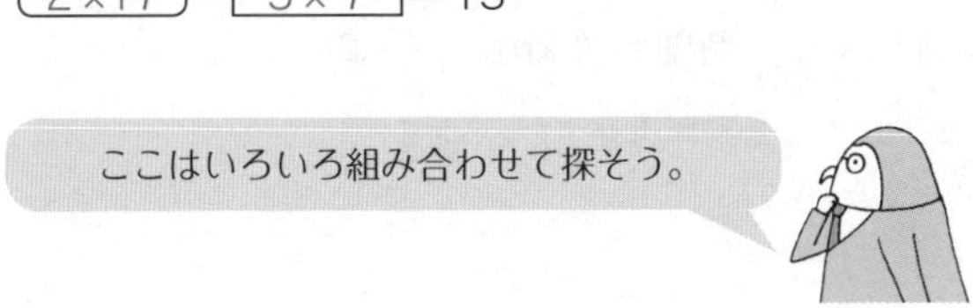
ここはいろいろ組み合わせて探そう。

以上より、A＝10×2×17＝340、B＝10×3×7＝210とわかる。
よって、A＋B＝340＋210＝550

⑦ 答 3

数的推理／旅人算

電車の速さを時速$x$km、電車の間隔をℓ kmとおいて式を立てる。
まず、自転車が上りの電車に６分ごとに抜かれるのは、下図のように表せる。

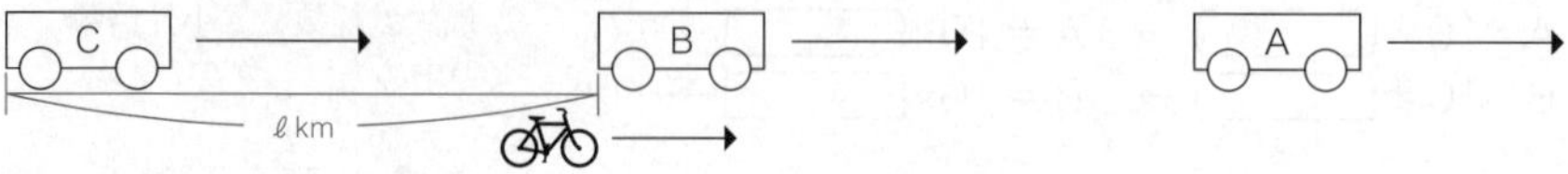

この図は、自転車が電車Ｂに抜かれた瞬間で、この６分後に電車Ｃに抜かれる。
つまり、電車Ｃはℓ km先の自転車に６分で追いつく。

速さ × 時間 ＝ 距離

よって、（$x$km/時－20km/時） × $\dfrac{6}{60}$ 時間 ＝ ℓ km ……①

電車　自転車　６分を「時間」に単位をそろえる
「追いつき」だからマイナス

次 に、自転車が下りの電車と３分ごとにすれ違うのは、下図のように表せる。

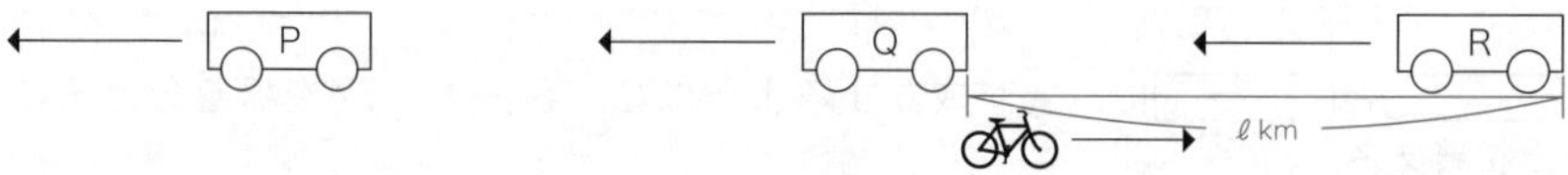

この図は、自転車が電車Ｑとすれ違った瞬間で、この３分後に電車Ｒとすれ違う。つまり、電車Ｒの最後部が３分後に自転車の最後部と出会う。

速さ × 時間 ＝ 距離

よって、（20km/時＋$x$km/時） × $\dfrac{3}{60}$ 時間 ＝ ℓ km ……②

自転車　電車　３分を「時間」に単位をそろえる
「出会い」だからプラス

ここまでをまとめると

$$(x-20)\times\frac{6}{60}=\ell$$

$$(x+20)\times\frac{3}{60}=\ell$$

①②を連立させてxを求める。

$$(x-20)\times\frac{6}{60}=(x+20)\times\frac{3}{60}$$

$6x-120=3x+60 \qquad 3x=180 \qquad x=60$

よって、電車の速度は時速60km。

8 答 1

数的推理／仕事算

Aの給水量が示されていないので、毎分a L、浴槽の容量をx Lとおく。
まず、「AとBの２つの水栓から給水すると48分」を式にする。
$(a+12)\times48=x$ ……①
次に、「AとCの２つの水栓から給水すると36分」を式にする。
$(a+18)\times36=x$ ……②
①②を連立して、xを求める。
$(a+12)\times48=(a+18)\times36$
$4a+48=3a+54$
$a=6$
$a=6$を①に代入する。
$(6+12)\times48=x$
$x=864$
したがって、水槽の容量は864 L。

9 答 1

判断推理／折り紙

折った線を軸にして線対称な図を描いて開いていく。

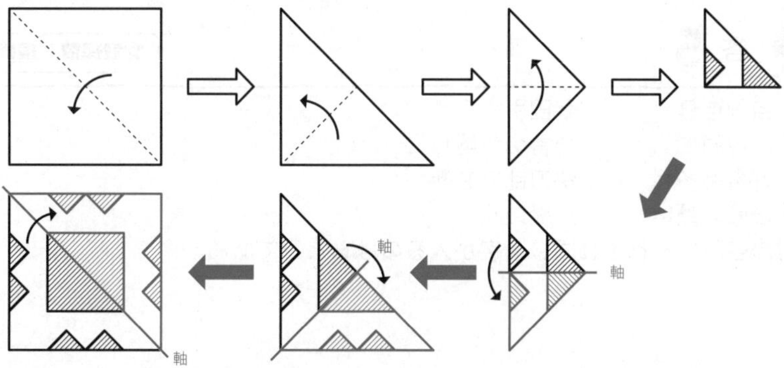

上図のとおり、答えは選択肢１となる。

⑩ 答 1

数的推理／平面分割

3本の直線によって分割された円に、さらに7本の直線を加えるので、合計10本の直線で分割したときの領域の最大数を求める必要がある。
直線を加えることで分割してできた領域の数は、すでにある直線全部と交わるように直線を引いたときに最大となる。ただし、これを図上でやろうとしても1～2本の追加はできても、それ以上は描くのが難しい。そこで、規則性を検討する。

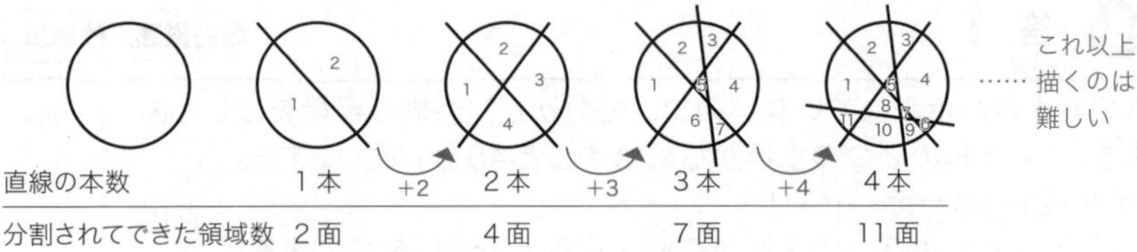

上図より、直線の数と領域数には次のような規則性があることわかる。

直線	1	2	3	4	5	6	7	8	9	10
面	2	4	7	11	16	22	29	37	46	56

+2 +3 +4 +5 +6 +7 +8 +9 +10

以上より、10本のときの領域数は56である。

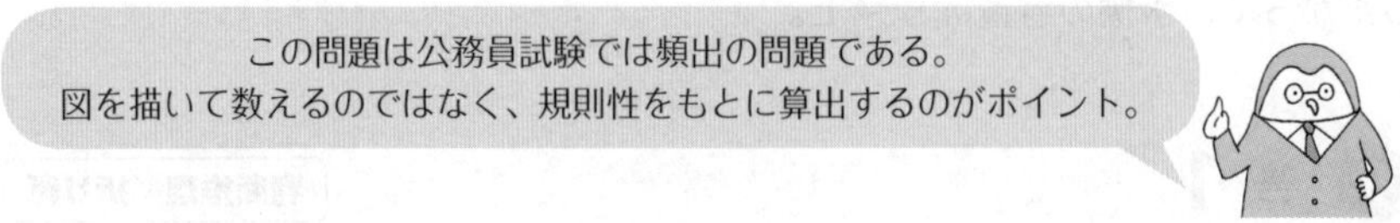

この問題は公務員試験では頻出の問題である。
図を描いて数えるのではなく、規則性をもとに算出するのがポイント。

⑪ 答 5

文章理解／現代文

A 自画自賛 ― 我田引水
B 一視同仁 ― 巧言令色鮮し仁
C 好事魔多し ― 快刀乱麻を断つ
D 後顧の憂い ― 三顧の礼
双方の空所にそれぞれ同じ漢字が入るのはBとDである。

⑫ 答 1

文章理解／英文

1 本文7～8行目に「much food-about 100 kilograms per person per year is wasted at the consumption stage in developed countries.」とあり、一致している。

2 本文は世界的規模での話であり、日本については述べられていない。

3 本文5行目から6行目にかけて、発展途上国においては生産段階で大手の食料廃棄が生じていると述べられている。

4 本文1～2行目にフードロスとは、「食べられることなく廃棄される食料」を指すと述べられている。凶作については述べられていない。

5 本文3～4行目に、4つの段階(生産、加工処理、小売り、消費)において食料廃棄が生じると述べられている。

〔日本語訳〕

世界中では非常に多くの食料が、食べられることなく廃棄されている。このことは「フードロス(食料廃棄)」と呼ばれている。フードロスの原因は数多くあり、生産、加工処理、小売り、消費の段階で生じている。世界規模でのフードロスは生産される食料の3分の1から2分の1にのぼる。発展途上国では大半のフードロスは生産段階で生じている。一方で、先進国におけるフードロスは消費段階で、1人あたり毎年約100キロもの食料を廃棄している。

〔押さえておきたい英単語〕

・throw away：捨てる　・A is called B：AはBと呼ばれている
・numerous：数多くの　・processing：加工処理　・retailing：小売業
・one-third：3分の1　・one-half：2分の1
・amount to：(数・量・額)に達する
・developing country：発展途上国
・per ～：～あたり　・consumption：消費

⑬ 答 2　社会科学／政治

1 シンガポールはマレーシアから独立した。またルックイースト政策は、マレーシアの政策である。第４代首相マハティールが提唱した。
2 正しい。
3 ASEANの原加盟国は、インドネシア、シンガポール、タイ、フィリピン、マレーシアの５か国で、ベトナムは含まれていない。
4 シンガポールについての記述である。
5 ドイモイはベトナムの政策である。

⑭ 答 3　社会科学／政治

1 国際法の父と呼ばれているのは、グロティウスである。
2 国際人道法とは、戦時・平時を問わず、人間の尊厳を保護することを目的とする国際法規範すべてを包括した呼称である。
3 正しい。
4 国際社会においては、国内社会と異なり、統一的立法機関が存在しない。
5 国際刑事裁判所についての記述である。

⑮ 答 5　社会科学／政治

A 最高裁判所長官の指名は内閣が行う（憲法６条２項）。
B 衆議院のみに認められている（憲法69条）
C 憲法59条で衆議院が優越している。
D 弾劾裁判所は衆議院で組織する（憲法64条）
E 憲法60条で衆議院が優越している。
妥当な組み合わせはCとEである。

⑯ 答 1　自然科学／物理

まず、等加速度直線運動の公式の１つである「$v=v_0+at$」を利用する。問題文より、初速度v_0=3m/sであり、現在の速度v=23m/sなので、23=3+at、
すなわちat=20となる。
ここでaについて求めると、$a=\frac{20}{t}$と表すことができる。 ……①
次に、「$x=v_0t+\frac{1}{2}at^2$」の公式を利用する。
進んだ距離x=52mであり、これと$a=\frac{20}{t}$を公式に当てはめると、
$52=3t+(\frac{1}{2}\times\frac{20}{t}\times t^2)$ ⇒ $52=3t+10t$ ⇒ $52=13t$ ⇒ $t=4$とわかる。
①より、$a=\frac{20}{4}=5$となり、加速度aは5m/s^{2}となる。

4th DAY｜一般知能

問題は本冊38～43ページ

① 答 5

判断推理／位置関係

アより、チャーハン、ラーメン、ギョウザを注文した人数はそれぞれ異なる。全部で８人分ゆえ、それぞれを注文した人数の組み合わせの可能性を書き出してみる。
イ、ウ、オから、どれも１人以上が注文したことがわかる。
または、アから注文した人数は違う。

８人で３種類だから何個ずつだ！ と思うことが大切。
つまり、○+□+△＝8
○と□と△は別の数字になる。
この程度であれば（足し算の結果が８）、チカラ技で解く。

１＋２＋５　○
１＋３＋４　○
２＋３＋３　×（別の数字になっていない）
……と考えていくと（1，2，5）と（1，3，4）の組み合わせしかない。

イとオから下図のようになる。

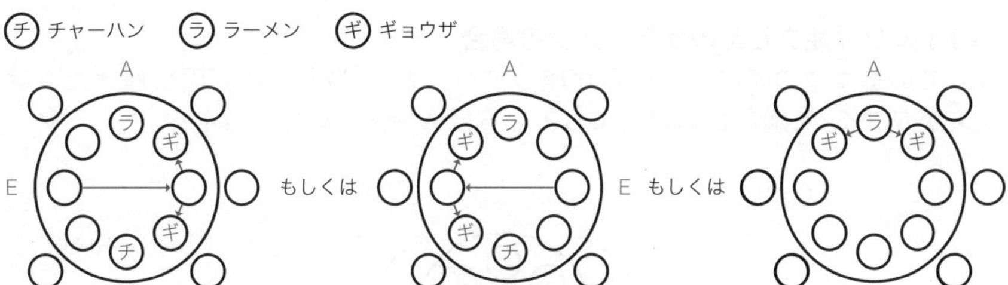

（1、２、５）の場合、５人が注文した料理については、必ず誰か２人が隣り合うので、アの「隣りの席に座った人は異なるものを注文」という条件を満たすことができない。よって、（１、３、４）の組み合わせであることがわかる。

オより、ギョウザを注文した人は２人以上いることが確定しているので、注文した人が１人であるのはラーメンかチャーハンのどちらかである。隣席とは異なる注文となるようにすると下図の①または②となり、いずれの場合もギョーザを注文した人は４人で確定する。

①１人だけ注文したのがラーメンの場合

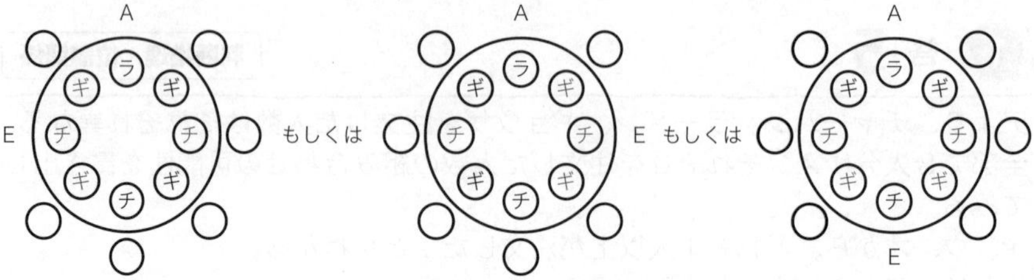

②１人だけ注文したのがチャーハンの場合

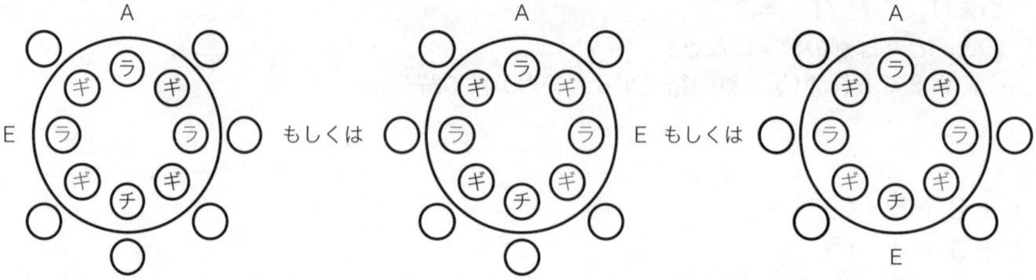

ウより、Ｂはチャーハンを注文しているので、Ａの正面の席にいる人がＢであると仮定した場合、ＣはＡの隣席になり、下図のとおりになる。

(ｉ)１人だけ注文したのがラーメンの場合

残っている４つの席のどこにＤが座っても、エの「Ｄとその正面に座った人は注文が異なる」を満たさない。よって、ＢはＡの正面の席ではない。

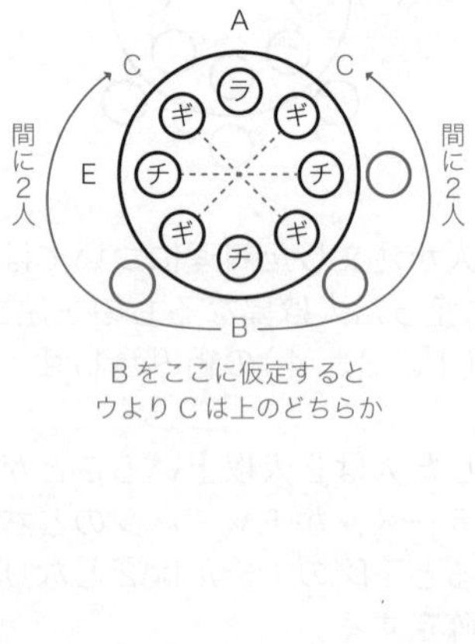

Ｂをここに仮定すると
ウよりＣは上のどちらか

(ii)1人だけ注文したのがチャーハンの場合
(i)と同様の結果となり、BはAの正面の席ではない。
とすると、Aの正面の席以外に座れるBもチャーハンを注文することになり、1人だけチャーハンを注文する場合はあり得ないことがわかる。
よって、①の場合と確定する。つまり、ラーメン1人、チャーハン3人、ギョウザ4人と確定する。

よって(i)の場合で検討を進める。

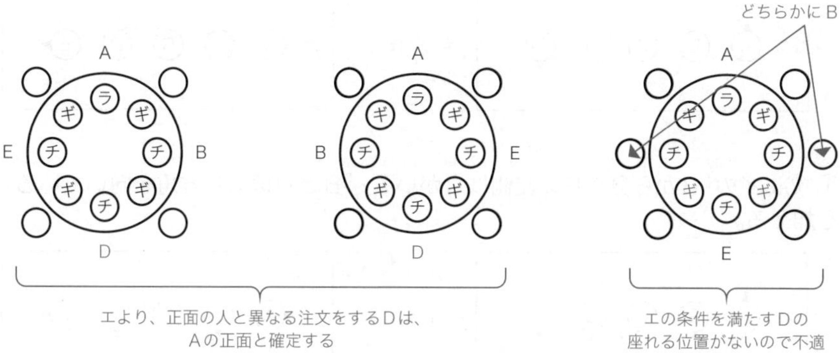

以上から、ラーメンを注文した1人はA、チャーハンを注文した3人はB、D、E。よって、ギョウザを注文した4人は残りのC、F、G、Hとわかる。

よって、答えは選択肢5となる。

❷ 答 4

「A～Eの5人がA、B、C、D、Eの順で一直線上に並んでいる」のを図示すると次のとおりになる。

アの「Aから見てAの正面及び左側には誰もいない」より、Aが向いている方向は次の①もしくは②となる。併せて、「AとEは反対方向」も図示する。

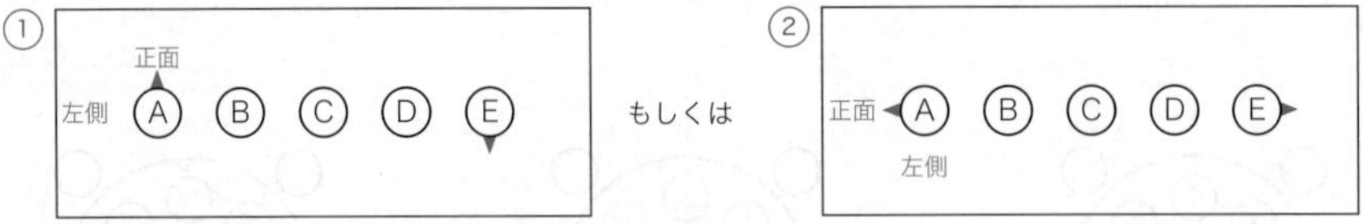

① ②にイの「Bから見てBの左側にCがいる」「BとDは同じ方角を向いている」を加える。

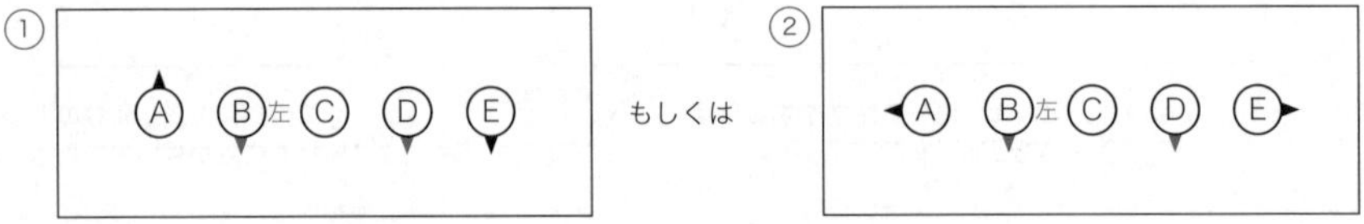

① ②にウの「Cの正面にはDがいる」を加える。

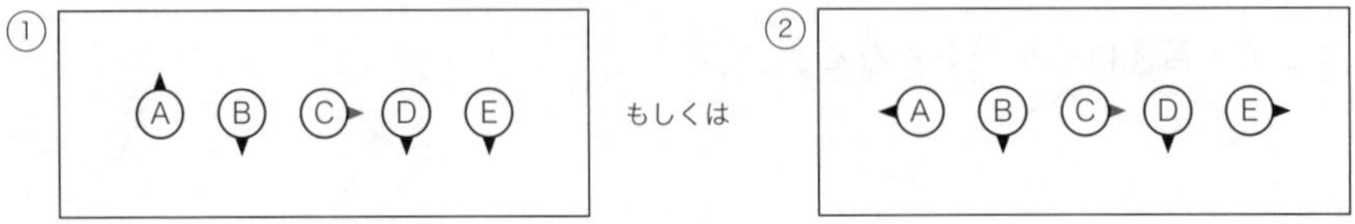

エの「Dは西の方角を向いている」より、①②に方位を加える。

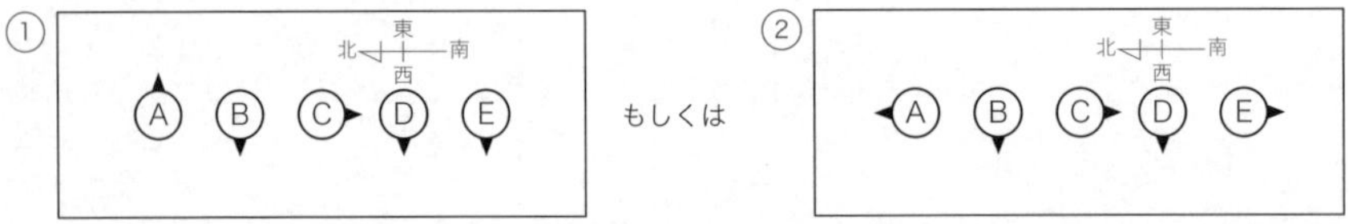

オの「Eの右側には誰もいない」により、Eの右側にDがいる①は不適となる。よって、②で確定する。Aは北、Cは南を向いているため、答えは選択肢4となる。

③ 答 4

数的推理／図形（方程式）

「斜線部の正方形とそれ以外の部分の面積が等しい」ので、斜線部の正方形を$x$cm²、１つの正方形における斜線部を除いた部分を$y$cm²とおくと、次のように式が立てられる。

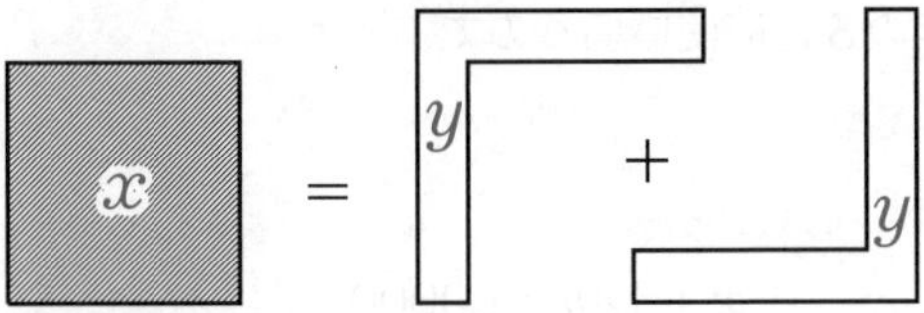

$\Rightarrow\ x=2y$ ……①

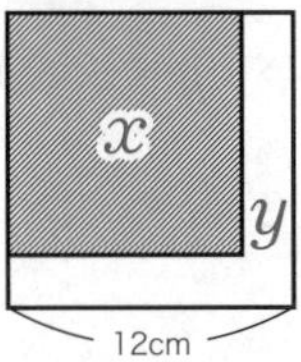

$\Rightarrow\ x+y=12\times12$
$\Rightarrow\ x+y=144$ ……②

2) 96
2) 48
2) 24
2) 12
2) 6
　　3

①②より、$2y+y=144\ \Rightarrow\ 3y=144\ \Rightarrow\ y=48\quad\therefore x=96$
よって、斜線部の正方形の１辺の長さは$\sqrt{96}$ cm。
96を素因数分解すると、$96=2\times2\times2\times2\times2\times3$
よって、$\sqrt{96}=\sqrt{4^2\times6}=4\sqrt{6}$ cmとなる。

④ 答 5

数的推理／仕事算

燃料タンクの容量を$x\ell$とおく。

１日目の消費量……$\frac{x}{2}+15$

２日目の消費量……$\{x-(\frac{x}{2}+15)\}\times\frac{1}{2}+10$

$=\frac{x}{2}-\frac{x}{4}-\frac{15}{2}+10=\frac{2x}{4}-\frac{x}{4}-7.5+10=\frac{x}{4}+2.5$

１日目、２日目を経て、残った燃料が5 ℓゆえ、

$x-\{(\frac{x}{2}+15)+(\frac{x}{4}+2.5)\}=5\ \Rightarrow\ x-(\frac{2x}{4}+15+\frac{x}{4}+2.5)=5$

$\Rightarrow\ x-(\frac{3x}{4}+17.5)=5\ \Rightarrow\ x-\frac{3}{4}x-17.5=5$

$\Rightarrow\ \frac{1}{4}x=22.5\ \Rightarrow\ x=90$

以上より、燃料タンクの容量は90 ℓ。

⑤ 答 4

数的推理／方程式

当初の貯金額をx円、毎月のお小遣いをy円とおく。
毎月5,000円の買物をすると同じ年の12月に使い切るので、
$x+y\times12=5000\times12$ ……①
毎月5800円の買物をすると同じ年の８月に使い切るので、
$x+y\times8=5800\times8$ ……②

①と②を連立させて解く。

$$\begin{cases} x+12y=60000 & \cdots\cdots① \\ x+8y=46400 & \cdots\cdots② \end{cases}$$

①－②で、

$$\begin{array}{rr} & x+12y=60000 \\ -) & x+8y=46400 \\ \hline & 4y=13600 \end{array} \Rightarrow y=3400$$

これを②に代入すると、$x+8\times3400=46400$ ⇒ $x=19200$
よって、Ａの当初の貯金額は19,200円となる。

⑥ 答 3

数的推理／図形（方程式）

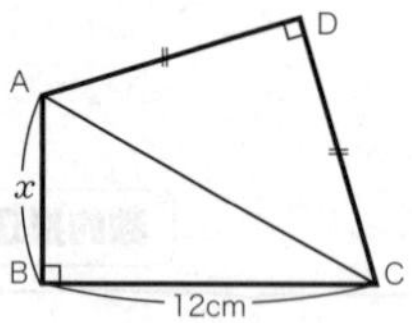

求めるＡＢの長さを$x$cmとおく。
四角形ＡＢＣＤの面積＝△ＡＢＣの面積＋△ＡＤＣの面積である。

△ＡＢＣの面積＝$12\times x\times\frac{1}{2}=6x$ ……①

△ＡＤＣは、条件よりＣＤ＝ＤＡ、∠ＣＤＡ＝90°ゆえ、直角二等辺三角形である。直角二等辺三角形の高さは底辺の$\frac{1}{2}$なので、

△ＡＤＣの面積＝$AC\times\frac{AC}{2}\times\frac{1}{2}=\frac{AC^2}{4}$ ……②

よって、四角形ＡＢＣＤの面積は、①②より$6x+\frac{AC^2}{4}=81$ ……③

底辺ＡＣは直角三角形ＡＢＣの斜辺ゆえ、三平方の定理により、
$AC^2=AB^2+BC^2=x^2+12^2$ ……④

④を③に代入すると、

$$6x+\frac{x^2+12^2}{4}=81$$

$$\Rightarrow \quad 24x+x^2+144=324$$
$$\Rightarrow \quad x^2+24x-180=0$$
$$\Rightarrow \quad (x+30)(x-6)=0$$

よって、$x=-30$もしくは$x=6$となるが、$x>0$ゆえ、$x=6$と決まる。
以上より、ABの長さは6cmとなる。

7 答 4

判断推理／軌跡

点Oが描く軌道は、下図のように①〜③の3段階に分けられる。①〜③の長さを合計すれば軌跡の長さが求められる。

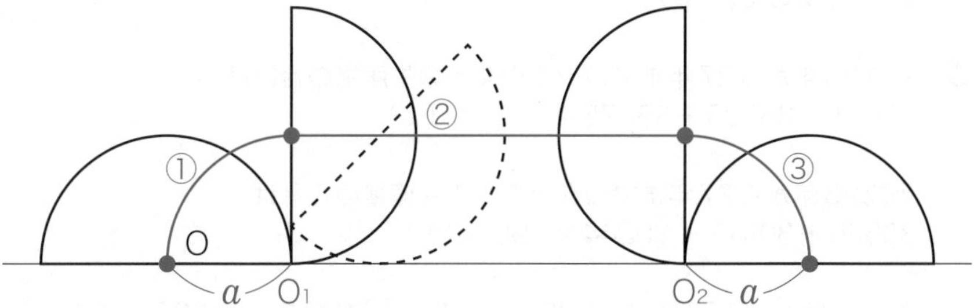

①は中心O_1、半径aの円弧の$\frac{1}{4}$ゆえ、$\underbrace{\overbrace{a\times 2}^{直径}\times\pi}_{円周}\times\frac{1}{4}=\frac{\pi a}{2}$

②はもともとの半円の円弧の長さ(円周の$\frac{1}{2}$)ゆえ、$\underbrace{\overbrace{a\times 2}^{直径}\times\pi}_{円周}\times\frac{1}{2}=\pi a$

③は中心O_2、半径aの円弧の$\frac{1}{4}$ゆえ、$\underbrace{\overbrace{a\times 2}^{直径}\times\pi}_{円周}\times\frac{1}{4}=\frac{\pi a}{2}$

以上より、①②③の合計は、$\frac{\pi a}{2}+\pi a+\frac{\pi a}{2}=2\pi a$

8 答 3

資料解釈

1 平成23年のハンバーグの生産量は68837 t、ミートボールの生産量は31555 t。
31555×2.3≒72576ゆえ、2.3倍を上回っていない。誤り。

2 平成24年の対前年増加率は、$\frac{47674-40680}{40680}\times100=\frac{6994}{40680}\times100=$ 17.19…(%)

平成25年の対前年増加率は、$\frac{55015-47674}{47674}\times100=\frac{7341}{47674}\times100=$ 15.39…(%)

平成26年の対前年増加率は、$\frac{55911-55015}{55015}\times100=\frac{896}{55015}\times100=$ 1.62…(%)

以上より、対前年増加率が最も大きいのは平成24年、最も小さいのは平成26年なので、誤り。

3 平成25年から27年までのシュウマイの生産量の合計は、
37591＋38205＋35875＝111671(t)

平成25年から27年までのグラタンの生産量の合計は、
38525＋30917＋30244＝99686(t)

その差は、111671－99686＝11985(t)なので、11000 tを上回っている。正しい。

4 例えば平成26年を見ると、38205－35112＝3093(t)なので、3000 tを上回っている。誤り。

5 冷凍食品5品目の生産量の合計をグラフの縦軸の目盛りから読み取ると、平成25年は約230000 t、平成27年は約220000 t。
平成25年の約230000 tを100としたときの90に相当する値は、230000×0.9＝207000(t)なので、平成27年は90を上回っている。誤り。

9 答 2

文章理解／現代文

1 「適性」である。
2 正しい。
3 「究明」である。
4 「修了」である。
5 「保障」である。

10 答 2

文章理解／英文

1 本文1～2行目に「This means that more elderly people are living alone every year.」とあり、一人暮らしのお年寄りは年々増えていることが読み取れる。
2 本文2～6行目の内容と一致する。
3 本文6～8行目に、お年寄りの家を訪れて異常を発見した場合、郵便局員がどのように行動するか述べられているが、あくまでも「special center（特別施設）に連絡する」のであり、警察に通報するとは述べられていない。
4 本文9行目に「once a month」と書かれていることから、郵便局員は月に1回、65歳以上の人々の家を訪ねる。
5 本文1行目の「In Japan, nearly one in four people is over 65.」より、日本では約4人に1人が65歳以上であることが読み取れる。

〔日本語訳〕

日本は、約4人に1人が65歳以上である。これは年々、一人暮らしのお年寄りが増加していることを意味する。少なくとも25人のお年寄りが自宅で孤独死した東京都品川区では8月に、日本郵便と連携を開始し、お年寄りが人々と関わる機会を増やすことで彼らの生活の質を向上させることをめざしている。この新たな試みは、お年寄りの家を訪ねたときに異常がないことを確認させ、万が一異常があった際は特別施設へ連絡することを郵便局員らに要求する。さらに、地域のつながりを強固なものとするため、郵便局員は月に1回、65歳以上の人々の家を訪ねて、彼らに季節のグリーティングカードを直接手渡しする。

〔押さえておきたい英単語〕

・elderly people：お年寄り
・cooperate with A：Aと協力する
・attempt：試み
・postman：郵便局員
・call on A to do ～：Aに～するよう要求する
・strengthen：強化する

⑪ 答 1　社会科学／政治

1 正しい。
2 1972年、ストックホルムで開催された国連人間環境会議にて採択された結果を実施に移すための機関として、国連環境計画が設立された。
3 京都議定書とは、先進国に対する温室効果ガスの削減率を定めたものである。
4 2002年の持続可能な開発に関する世界首脳会議は、南アフリカのヨハネスブルグにて開催された。
5 国際取引を禁止したのはワシントン条約、湿地の保護はラムサール条約の内容である。

⑫ 答 1　社会科学／経済

1 正しい。
2 物価が持続的に上昇する現象をインフレーションといい、物価が持続的に下落する現象をデフレーションという。
3 ディマンド・プル・インフレーションとは、需要量の増大による物価の上昇のことである。
4 貨幣の供給が増加すると、貨幣の希少性は低くなる。
5 インフレ・ターゲット政策についての記述である。

⑬ 答 2　人文科学／日本史

1 法然は浄土宗の宗祖である。
2 正しい。
3 栄西は臨済宗の宗祖である。
4 道元は曹洞宗の宗祖である。
5 日蓮は日蓮宗の宗祖である。

⑭ 答 3　自然科学／地学

地球型惑星（水星、金星、地球、火星）は、木星型惑星（木星、土星）、天王星型惑星（天王星、海王星）と比較して、質量と半径が共に小さく、密度が大きい。

① 答 4

判断推理／集合

キャロル表を作成する。飼っているほうは○、飼っていないほうは×で示す。犬、猫、ウサギのすべてを飼っている児童をx人とする。

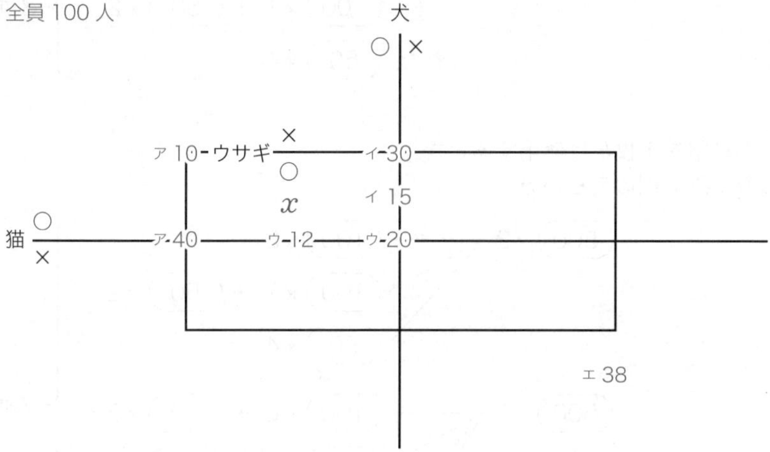

キャロル表を①～⑦の順に埋めていく。

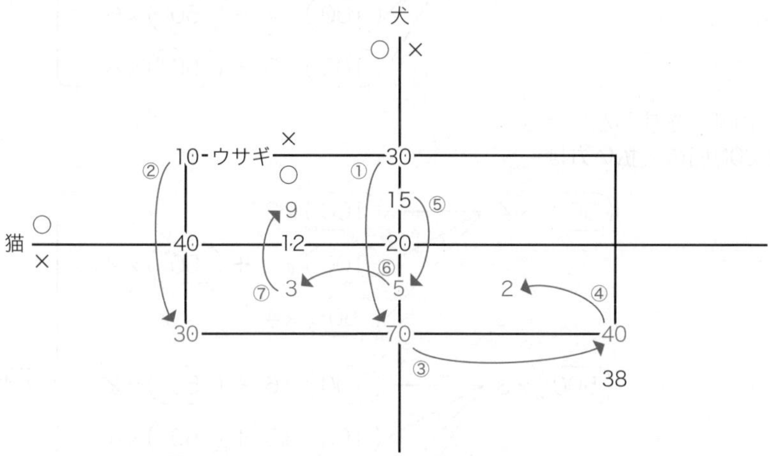

以上から、犬、猫、ウサギのすべてを飼っている児童は９人とわかる。

② 答 3

数的推理／組み合わせ

千円紙幣が2,000円分、五百円硬貨が2,000円分、百円硬貨が600円分、五十円硬貨が400円分ある。

①千円紙幣２枚を使用するとき
残り200円の支払い方は、

(100)×2
(100)×1 ＋ (50)×2
(50)×4
→ 3通り

②千円紙幣を１枚だけ使用するとき
残り1,200円の支払い方は、

(500)×2 ─ (100)×2
(500)×2 ─ (100)×1 ＋ (50)×2
(500)×2 ─ (50)×4
(500)×1 ─ (100)×6 ＋ (50)×2
(500)×1 ─ (100)×5 ＋ (50)×4
(500)×1 ─ (100)×4 ＋ (50)×6
(500)×1 ─ (100)×3 ＋ (50)×8
→ 7通り

③千円紙幣を使わないとき
2,200円の支払い方は、

(500)×4 ─ (100)×2
(500)×4 ─ (100)×1 ＋ (50)×2
(500)×4 ─ (50)×4
(500)×3 ─ (100)×6 ＋ (50)×2
(500)×3 ─ (100)×5 ＋ (50)×4
(500)×3 ─ (100)×4 ＋ (50)×6
(500)×3 ─ (100)×3 ＋ (50)×8
→ 7通り

以上、３＋７＋７＝17通りとなる。

❸ 答 2

判断推理／順序

全員が6日に1回当番が回ってくることと、アの「母は第5火曜日と5日が当番だった」より、下表のとおりになる。

月	火	水	木	金	土	日	月 (5日)	火	水	木
	母						母			

ここが第5火曜日（火の母）　6日に1回当番が回るので、ここは母の当番の日（月の母）

月	火	水	木	金	土	日	月	火	水	木
			1	2	3	4	5			
	母	弟					母			

ウの「弟は月末最終日が当番だった」より、ここが弟の当番の日である

また、エより姉は第1土曜日が当番だったゆえ3日。オより父は2日が当番だったことがわかっている。
以上をブロック型のカレンダーで整理すると、次のようになる。

月	火	水	木	金	土	日
			○	□		●
■		○	□		●	■
	母	弟	1	2 父	3 姉	4
5 母	6 □	7	8 ●	9 ■	10	11 ○
12 □	13	14 ●	15 ■	16	17 ○	18 □

全員6日に1回当番が回ってくるので、○の部分は母、□の部分は弟、●が父、■が姉とわかる。
さらに、イより、第5火曜日と5日を含む14日間のうちの金曜日に妹の当番がなければならないが、9日(金)は姉の番であるため、2日(金)の1週間前の金曜日が妹の当番とわかる。

月	火	水	木	金	土	日
		☆	母	弟	妹	父
姉	☆	母	弟	妹	父	姉
☆	母	弟	1 妹	2 父	3 姉	4 ☆
5 母	6 弟	7 妹	8 父	9 姉	10 ☆	11 母
12 弟	13 妹	14 父	15 姉	16 ☆	17 母	18 弟

以上より、A君の当番の日は、表の余った部分(☆)とわかる。よって、A君の次の日は母とわかる。

④ 答 3

数的推理／順序

各人の発言を整理すると次のとおりになる(大きいほうを先着とする)。

Aの発言：E＞A …………………………①
Bの発言：D＞B …………………………②
Cの発言：C＞E …………………………③
Dの発言：D＞F …………………………④
①③より、C＞E＞Aとわかる。………⑤

以上に、Fの発言を加えると着順が確定する(各選択肢の「私」はFのことである)。
各選択肢を検討する。

1 A＞F、B＞Fがわかっても、AとBの先後はわからないため、着順は確定しない。

2 F＞B、F＞Cがわかっても、BとCの先後はわからないため、着順は確定しない。

3 B＞F＞Cがわかると、D＞B（②より）＞F＞C（本肢より）＞E＞A（⑤より）と確定する。

4 C＞D、Dのすぐ次がFとわかると、②も加えてC＞D＞F＞Bは決まるが、EとAの着順は確定しない。

5 ○(1位)—○(2位)—○(3位)—E(4位)—F(5位)—○(6位)がわかっても、Cが１～３位のいずれであるかが確定しない。

以上より、答えは選択肢３となる。

⑤ 答 2

数的推理／順列

Oが2つある点に注意する。便宜上、2つ目のOをO´とする。
「T」「O」「O´」を選んだ場合の、並べ方は、

TOO´ ……①
TO´O ……②
OTO´ ……③
O´TO ……④
OO´T ……⑤
O´OT ……⑥

6通り。しかし、文字「O」と「O´」は同じ文字ゆえ、①と②、③と④、⑤と⑥は同じ並べ方である。よって、並べ方は3通りとなる。

以上より、3文字のうち、Oが2つの場合は3通りとなる。

・Oが2個の場合
T―O―O、K―O―O、Y―O―Oのそれぞれが3通りずつゆえ、
3×3＝9（通り）

・Oが1個の場合
残り2つをT、K、Yの3つから選ぶ選び方は、

$$ {}_3C_2 = \frac{3\times 2}{2\times 1} = 3 \text{（通り）} $$

T、K、Yから選んだ2つとOの3つの異なる文字の並べ方は、
${}_3P_3 = 3\times 2\times 1 = 6$（通り）
3つの異なる文字の選び方3通りごとに、その3つの文字の並べ方が6通りずつあるので、3×6＝18（通り）となる。

・Oが0個の場合
T、K、Yの3つの並べ方は、${}_3P_3 = 3\times 2\times 1 = 6$（通り）

以上をまとめると、9＋18＋6＝33（通り）。よって、答えは選択肢2となる。

❻ 答 4

①4人が1回じゃんけんをする場合の手の出し方

各人とも、ぐう、ちょき、ぱあの3通りの手の出し方があるので、全部の手の出し方は、$3 \times 3 \times 3 \times 3 = 81$(通り)

②4人が1回じゃんけんをして勝負がつく場合が何通りあるかを考える。

・勝者が1人

誰が勝つか、勝者が何の手で勝つかを数え上げる。

${}_4C_1 \times {}_3C_1 = 12$(通り)

（${}_4C_1$：4人のうち1人　${}_3C_1$：ぐう、ちょき、ぱあのうちの1つ）

・勝者が2人

${}_4C_2 \times {}_3C_1 = 18$(通り)

（${}_4C_2$：4人のうち2人　${}_3C_1$：ぐう、ちょき、ぱあのうちの1つ）

・勝者が3人

${}_4C_3 \times {}_3C_1 = 12$(通り)

（${}_4C_3$：4人のうち3人）

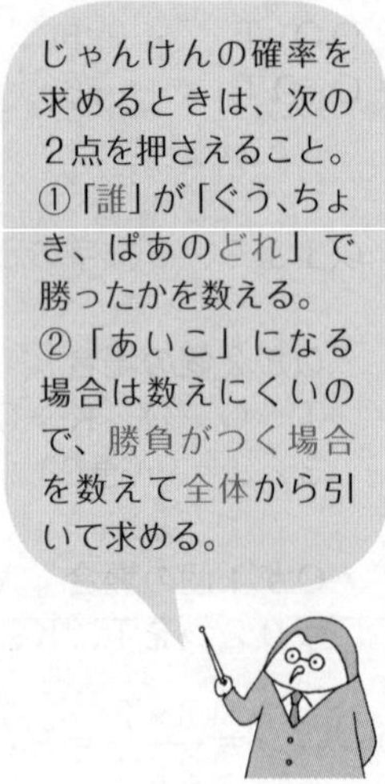

じゃんけんの確率を求めるときは、次の2点を押さえること。
①「誰」が「ぐう、ちょき、ぱあのどれ」で勝ったかを数える。
②「あいこ」になる場合は数えにくいので、勝負がつく場合を数えて全体から引いて求める。

以上より、$12 + 18 + 12 = 42$(通り)

①と②より、あいこになる場合は、$81 - 42 = 39$(通り)

よって、あいこになる確率は $\frac{39}{81} = \frac{13}{27}$ となる。

⑦ 答 5

数的推理／濃度

濃度４％の食塩水200 gに加えた、濃度６％の食塩水と濃度10％の食塩水をそれぞれx g、y gとおく。

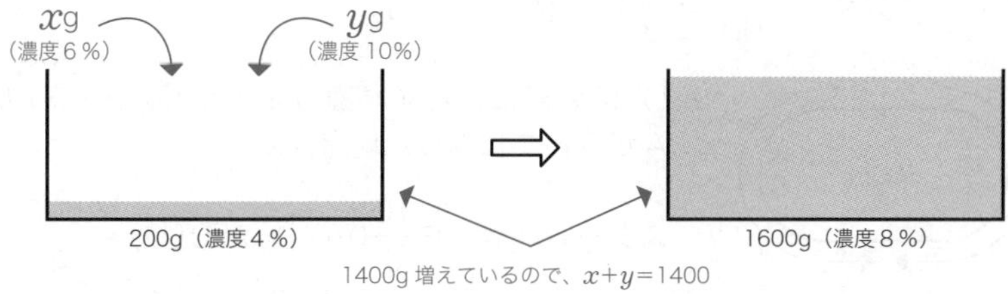

加えた量は全部で1400 gゆえ、濃度６％のx gと濃度10％のy gの食塩水を混ぜると1400 gである。このとき、この1400 gの食塩水の濃度をz％とおいててんびんを作る。

６％のx gと10％のy gを混ぜるとz％となる。

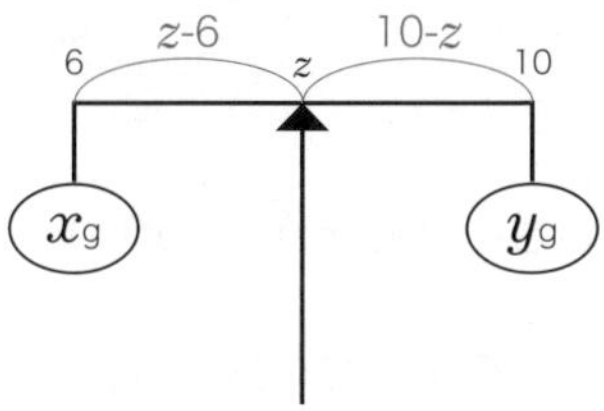

$$x : y = (10 - z) : (z - 6) \quad \cdots\cdots ①$$

おもりの比＝てんびんの腕の長さの逆比

上記でできた濃度z％の1400 gを４％の200 gに加えると、８％の1600 gになる。

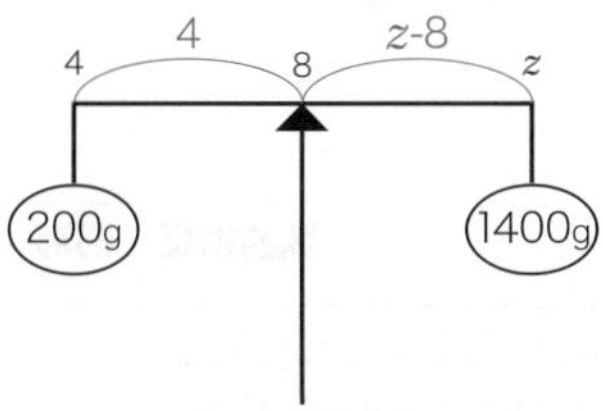

$$200 : 1400 = (z - 8) : 4$$

$$1 : 7 = (z - 8) : 4$$

$$1 \times 4 = 7z - 56 \quad \Rightarrow \quad 7z = 60 \quad \Rightarrow \quad z = \frac{60}{7} \cdots\cdots ②$$

②を①に代入すると、$x : y = \left(10 - \frac{60}{7}\right) : \left(\frac{60}{7} - 6\right) = 5 : 9$

$x + y = 1400$、$x : y = 5 : 9$ゆえ$x = 500$、$y = 900$とわかる。

以上より、加えた10％の食塩水は900 gとなる。

8 答 2

数的推理／速さ

「Aは1分30秒(90秒)でトラックを1周する」ので、Aの速さは、

300(m)÷90(秒)＝$\frac{300}{90}$＝$\frac{10}{3}$(m/秒)とわかる。

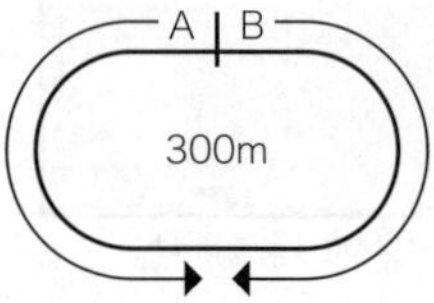

「Aは最初にBとすれ違うまで50秒かかる」ので、AがBとすれ違った地点は、

スタート地点から$\frac{10}{3}$(m/秒)×50(秒)＝$\frac{500}{3}$(m)

よって、この50秒でBが走った距離は、300(m)－$\frac{500}{3}$(m)＝$\frac{400}{3}$(m)なので、

Bの速さは、$\frac{400}{3}$(m)÷50(秒)＝$\frac{400}{3}$×$\frac{1}{50}$＝$\frac{8}{3}$(m/秒)

Bが1周してスタート地点を通過したのは、Bがスタートしてから何秒後かを求める。

300(m)÷$\frac{8}{3}$(m/秒)＝300×$\frac{3}{8}$＝$\frac{900}{8}$秒

このとき、Cはスタート地点から30m手前、すなわち、300(m)－30(m)

ゆえ、270m走っている。$\frac{900}{8}$秒で270m走っているので、Cの速さは、

270(m)÷$\frac{900}{8}$(秒)＝270×$\frac{8}{900}$＝$\frac{12}{5}$(m/秒)

これを分速に直すと、$\frac{12}{5}$(m/秒)×60(秒)＝144(m/分)となる。

9 答 1

数的推理／図形

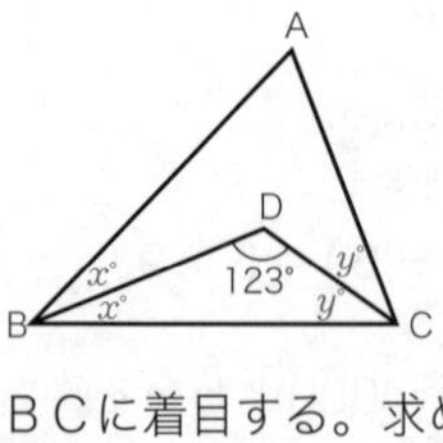

∠ABD＝∠CBD＝x(度)、
∠ACD＝∠BCD＝y(度)とおく。
△DBCに着目する。三角形の内角の和は180°であるから、
123＋x＋y＝180(度)
式を整理すると、x＋y＝57　……①
次に△ABCに着目する。求める∠BACの角度をA(度)とすると、
A＋2x＋2y＝180(度)
式を整理すると、A＝180－2x－2y＝180－2(x＋y)
ここに①を代入すると、A＝180－2×57＝66(度)
よって、∠BAC＝66(度)

⑩ 答 5

数的推理／図形（面積）

まず、内接円の半径を求める。

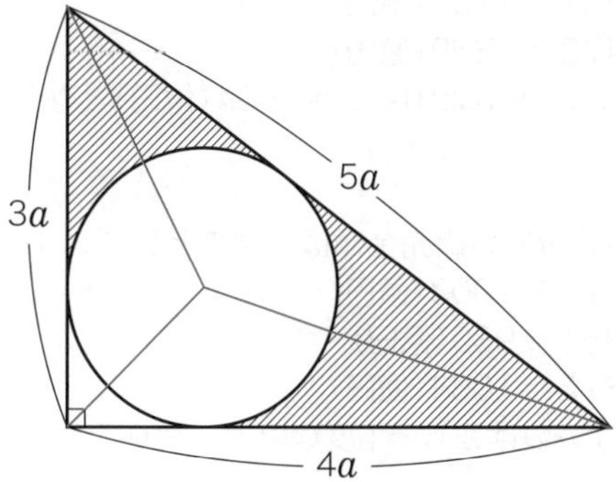

直角三角形の面積は、

$$4a \times 3a \times \frac{1}{2} = 6a^2 \quad \cdots\cdots ①$$

この直角三角形を３つの三角形に分割する。内接円の半径をxとおく。

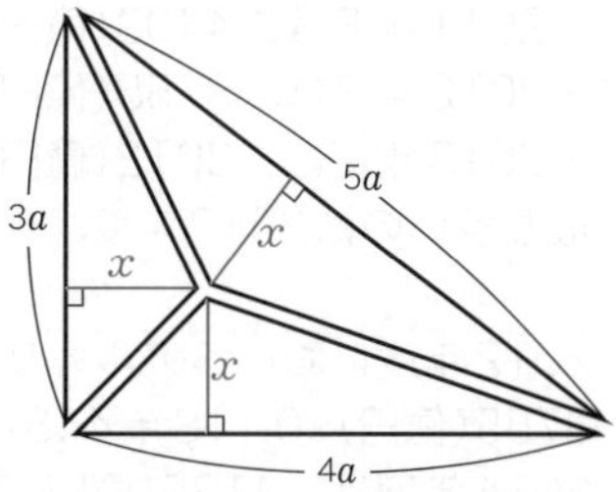

それぞれの三角形の底辺を3a、4a、5aとしたとき、各々の三角形の高さはxとなる。①で求めた三角形の面積はこの３枚の面積の合計ゆえ、

$$3a \times x \times \frac{1}{2} + 4a \times x \times \frac{1}{2} + 5a \times x \times \frac{1}{2} = 6a^2 \Rightarrow \frac{x}{2} \times (3a + 4a + 5a) = 6a^2$$

$$\Rightarrow \frac{x}{2} \times 12a = 6a^2 \Rightarrow \frac{x}{2} = \frac{6a^2}{12a} \Rightarrow x = a$$

次に、直角三角形を下図のように３つのパーツに分けると、

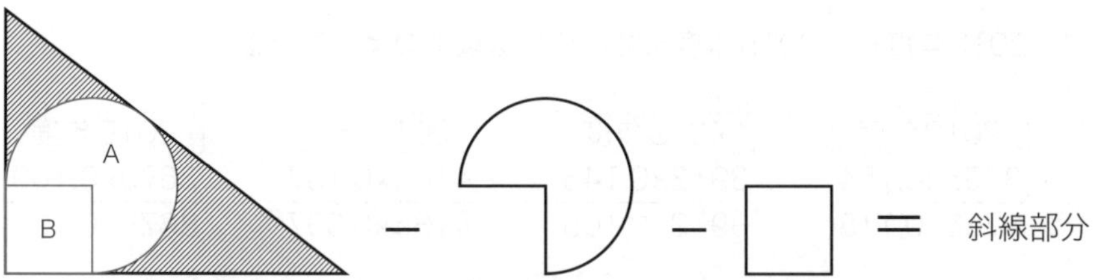

$$\underbrace{6a^2}_{\text{全体 ①より}} - \underbrace{a^2 \pi \times \frac{3}{4}}_{\text{Aの部分 半径×半径×}\pi\times\frac{3}{4}} - \overbrace{a^2}^{\text{Bの部分 } a\times a} = 5a^2 - a^2\pi \times \frac{3}{4} = \left(5 - \frac{3}{4}\pi\right)a^2$$

以上より、答えは選択肢５となる。

⑪ 答 3

資料解釈

1 2011年度～2013年度のリチウムイオン電池の販売金額は、次のとおり。
・2011年度は、4403(億円)×0.516≒2271(億円)
・2012年度は、3755(億円)×0.467≒1753(億円)
・2013年度は、3912(億円)×0.478≒1869(億円)
この3年度の平均は、(2271＋1753＋1869)÷3≒1964(億円)となり、1800億円を上回るため、誤り。

2 2011年度～2013年度の自動車用鉛電池の販売金額は、次のとおり。
・2011年度は、4403(億円)×0.228≒1003(億円)
・2012年度は、3755(億円)×0.261≒980(億円)
・2013年度は、3912(億円)×0.272≒1064(億円)
最も多いのは2013年度、最も少ないのは2012年度なので、誤り。

3 2012年度におけるアルカリ蓄電池の販売金額は、
3755(億円)×0.118≒443(億円)
2014年度は、4185(億円)×0.097≒405(億円)
443(億円)を100としたとき、95に相当するのは、
443(億円)×0.95≒420(億円)
よって、2014年度の405億円は、420億円を下回っているので、95を下回り、正しい。

4 アルカリ蓄電池の販売金額に対するその他鉛電池の販売金額の比率は、

$$\frac{\text{その他鉛電池の販売金額}}{\text{アルカリ蓄電池の販売金額}}$$ で求める。

2012年度から2015年度までの比率は以下のようになる。

2012年度	2013年度	2014年度	2015年度
$\frac{3755\times0.154}{3755\times0.118}$	$\frac{3912\times0.145}{3912\times0.105}$	$\frac{4185\times0.137}{4185\times0.097}$	$\frac{3679\times0.160}{3679\times0.105}$

例えば、2013年度を見ると、$\frac{0.145}{0.105}$≒1.38

よって、1.5を上回っていないので、誤り。

5 2015年度の自動車用鉛電池の販売金額は、3679(億円)×0.302≒1111(億円)
2015年度のその他鉛電池の販売金額は、3679(億円)×0.160≒588(億円)
その差は、1111(億円)－588(億円)＝523(億円)なので、600億円以上ではない。誤り。

5th DAY | 一般知識

問題は本冊52〜55ページ

⑫ 答 5

人文科学／四字熟語

正しい読み方は次のとおりである。
A　人事不省（じんじふせい）：知覚や意識を失うこと。
B　金城湯池（きんじょうとうち）：きわめて堅い守りのこと。
C　合従連衡（がっしょうれんこう）：利害に従って、他と結びついたり離れたりすること。
D　呉越同舟（ごえつどうしゅう）：敵対する者どうしが同じ場に居合わせること。
E　有職故実（ゆうそくこじつ）：昔から伝わる儀式や制度、風俗や慣習のこと。
よって、CとEが正しいので、答えは選択肢5となる。

⑬ 答 2

人文科学／ことわざ

それぞれの英文の直訳は、次のとおりである。
A　なべがやかんを黒いと言う。
B　後悔したときは手遅れ。
C　忍耐は美徳である。
D　打ち負かすことができなければそれに従え。
E　もらったものより高くつくものはない。
Bの「果報は寝て待て」は「Good things come to those who wait.」、Cの「失敗は成功のもと」は「Failure teaches success.」、Eの「金は天下の回り物」は、「Money will come and go.」となるため、誤り。
Aは、「どれも似たり寄ったりで、差がないことのたとえ」をいい、また、Dは、「力のあるものには従ったほうが得策であるという意味」を表していて、正しい。
よって、答えは選択肢2となる。

⑭ 答 1

人文科学／地理

富岡製糸場は群馬県（栃木県の西）にある世界遺産であり、石見銀山遺跡は島根県（鳥取県の西）に位置する世界遺産である。
よって、答えは選択肢1となる。

15 答 1

社会科学／政治

1　正しい。
2　地方議会の議員も、住民によって直接選挙される（憲法93条2項）。
3　地方公共団体は、法律の範囲内で条例を定めなければならない（憲法94条）。
4　地方税は、地方公共団体の財源の約4割にとどまっている。
5　機関委任事務は、1999年公布の地方分権一括法に基づき廃止された。

16 答 1

社会科学／経済

A　正しい。
B　正しい。
C　現在は公開市場操作が金融政策の中心となっている。
D　買いオペレーションとは、公開市場操作の1つで、日本銀行が金融市場で国債などを買うことにより、市中に流通する通貨量を増加させる政策である。

17 答 4

社会科学／政治

国税のうち直接税に属するものは、主に所得税、法人税、相続税である。よって、答えは選択肢4となる。
直接税とは納税義務を負う者が直接税金を支払う税。所得税、法人税など。
消費税、たばこ税、酒税は間接税。間接税とは納税義務者（税金を国や地方自治体へ納める義務がある人）と担税者（税金を負担する人）が異なるもの。例えば、酒税でいえばメーカーが納税義務者だが、価格に上乗せされ税金分を負担するのは消費者である。

18 答 3

自然科学／化学

陽子と電子は1個の原子の中に同じ数だけあるので、原子全体は電気的に中性となっている。
また、原子核を構成する陽子数と中性子数の和は質量数に等しい。
同じ原子は原子番号が同じなので、陽子の数も同じになるが、中性子の数が異なるために質量数が異なるものを同位体という。

19 答 5

自然科学／生物

植物が体外の窒素化合物を体内に取り込み、有機窒素化合物にする反応を窒素同化という。
また、大気中の窒素を用いて窒素化合物を作ることを窒素固定という。
脱窒とは、窒素化合物を分子状窒素として大気中へ放散させる作用を指す。

6th DAY ｜一般知能

問題は本冊56〜61ページ

1 答 5

判断推理／暗号

対応関係を見ると、英字１文字が漢字１文字と対応している。英字なので、下のようにアルファベット表で整理してみる。

A	B	C	D	E	F	G	H	I	J	K	L	M
			○黄		○青		△桃	△赤				□緑
N	**O**	**P**	**Q**	**R**	**S**	**T**	**U**	**V**	**W**	**X**	**Y**	**Z**
		□黄				⬠桃						

まず、アルファベット順に一定の間隔で形が○→△→□→⬠と変化していることがわかる。そして、D：○黄とP：□黄、H：△桃とT：⬠桃がそれぞれ同じ色であることに着目すると、一定の周期で同じ色が登場することもわかる。
以上を踏まえると、ほかに判明している英字と漢字・形を下表のとおりにまとめることができる。

	緑↓	桃↓	赤↓	黄↓	紫↓	青↓
	A	B	C	D	E	F
○→	○	○	○	○黄	○	○青
	G	H	I	J	K	L
△→	△	△桃	△赤	△	△	△
	M	N	O	P	Q	R
□→	□緑	□	□	□黄	□	□
	S	T	U	V	W	X
⬠→	⬠	⬠桃	⬠	⬠	⬠	⬠

表より、各段の左から１番目が緑、２番目が桃、３番目が赤、４番目が黄、６番目が青とわかる。そして、問題の暗号にある紫が５番目と推測できる。
以上より、□青：R、□赤：O、⬠緑：S、○紫：Eと読める。
よって、答えは選択肢５となる。

② 答 1

判断推理／対応関係

ア～オの条件を表にまとめると、下表のとおりになる。

	ご飯	魚	麺	パン	肉	
A		×		○		
B			×		○	
C		○		×		
D			×		○	
E	○					2
	1	2	3	2	2	10

表からわかることを順に入れていく。
カより、ご飯を好きだと答えたのは１人だから、Ｅと決まり、Ａ～Ｄは×が入る。
カより、麺が好きなのは３人ゆえ、Ａ、Ｃ、Ｅと決まる。
カより、肉が好きなのは２人ゆえ、ＢとＤと決まり、Ａ、Ｃ、Ｅは×が入る。
オより、Ｅの好きな食べ物は２種類であり、ご飯と麺だとわかっているので、Ｅの魚とパンは×が入る。

	ご飯	魚	麺	パン	肉	
A	×	×	○	○	×	2
B	×		×		○	
C	×	○	○	×	×	2
D	×		×		○	
E	○	×	○	×	×	2
	1	2	3	2	2	10

以上より、答えは選択肢１となる。

③ 答 5

判断推理／位置関係

ア～オを整理すると、下図のとおりになる。

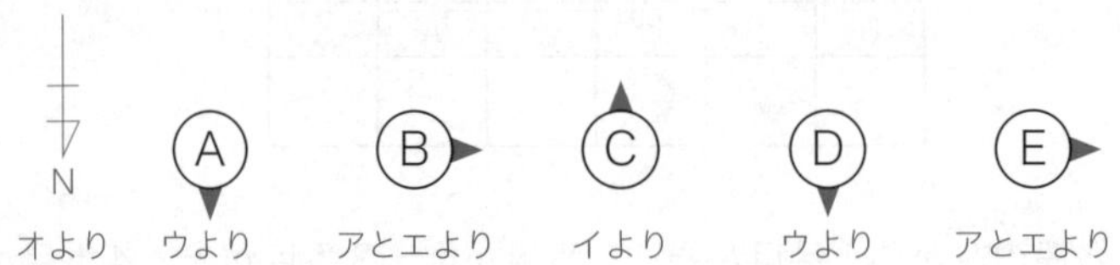

以上を踏まえて、各選択肢を検討する。

1　Ｂは西、Ｄは北を向いており、誤り。

2　Ｃは真南を向いており、誤り。

3　Ｅは真西を向いており、誤り。

4　Ｃは真南を向いており、誤り。

5　真西を向いているのはＢとＥの２人だけであり、正しい。

よって、答えは選択肢５となる。

④ 答 1

判断推理／発言

A～Eの全員が半分本当のことをいい、半分うそをついているので、仮にAの発言の前半が本当で、後半がうそだと仮定してみる。

A「私のおみくじは大吉（本当）で、Dさんのおみくじは末吉（うそ）だった。」

それぞれおみくじの結果は異なるので、この場合、大吉はAのみである。すると、Cの発言での「私は大吉」「Aさんは吉」のどちらも本当の内容として成立しない。よって、Aの発言の前半が本当で、後半がうそだとする仮定は誤りだったとわかる。そのため、Aの発言は、前半がうそで、後半が本当となる。これにより、Dは末吉と決まる。
そうなると、Dの発言は前半がうそとなるので、後半の「Bは中吉」が本当のことである。よって、Bは中吉と決まる。
Bの発言を見ると、前半がうそで、後半の「Cは大吉」が本当のこととなるので、Cは大吉と決まる。そして、Eの発言は、後半の「Cが中吉」がうそとなるので、Eは吉と決まる。
以上を整理すると、下図のとおりになる。

A	B	C	D	E
大吉ではない 吉ではない	中吉	大吉	末吉	吉

よって、Aは小吉と決まり、答えは選択肢1となる。

⑤ 答 4

数的推理／数列

数列について、前後の関係から規則性を検討する。
まず、「2、6、18、54、162……」の数列については、公比3の等比数列ゆえ、第6項は162×3＝486とわかる。

$$2 \xrightarrow{\times 3} 6 \xrightarrow{\times 3} 18 \xrightarrow{\times 3} 54 \xrightarrow{\times 3} 162 \xrightarrow{\times 3} 486\ (\text{第6項})$$

よって、初項から第6項までの和は、2＋6＋18＋54＋162＋486＝728。
次に、「13、21、29、37……」の数列については、公差8の等差数列とわかる。
一般式は、$a_n = 13 + 8 \times (n - 1)$

$$13 \xrightarrow{+8} 21 \xrightarrow{+8} 29 \xrightarrow{+8} 37 \cdots\cdots a_n$$

第50項（$n = 50$）を求めると、$a_{50} = 13 + 8 \times (50 - 1) = 405$
以上より、728－405＝323となる。

❻ 答 2

数的推理／速さ

家から空港までの距離を ℓ kmとおき、式を立てる。

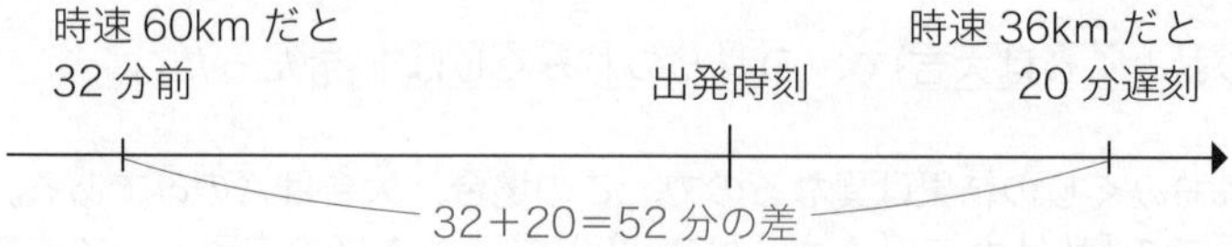

時速36kmで走行したときにかかる時間 － 時速60kmで走行したときにかかる時間 ＝ 52分

$$\frac{\ell}{36} - \frac{\ell}{60} = \frac{52}{60}$$

式を解くと、$\frac{10\ell}{360} - \frac{6\ell}{360} = \frac{52\times6}{360} \Rightarrow 4\ell = 52\times6 \Rightarrow \ell = 78$

空港までの距離が求められたので、時速60kmで要する時間は、

$\ell\,(\text{km}) \div 60\,(\text{km/時}) = 78 \div 60 = \frac{13}{10} = 1\frac{3}{10} = 1\frac{18}{60}$

$\frac{3}{10}$時間を分の単位に直そう。
1時間＝60分、$\frac{1}{60}$時間＝1分なので、
$\frac{3}{10}$時間＝$\frac{18}{60}$時間は、18分となる。

よって、1時間18分なので、答えは選択肢2となる。

⑦ 答 1

数的推理／図形（面積）

斜線部分の面積は、次のような流れで求められる。

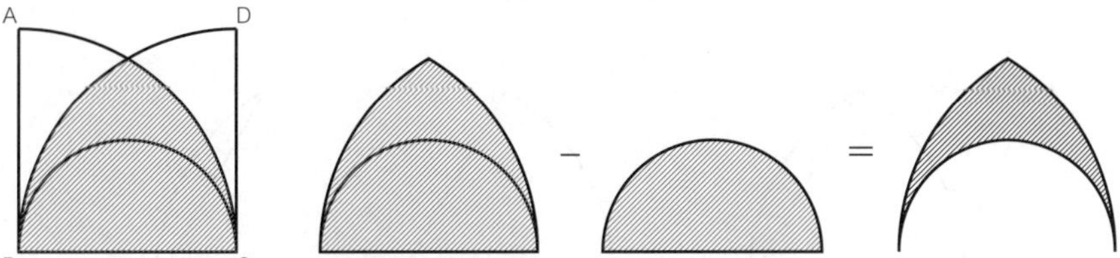

①左図の赤色部分の面積　②半円の面積　③斜線部分の面積

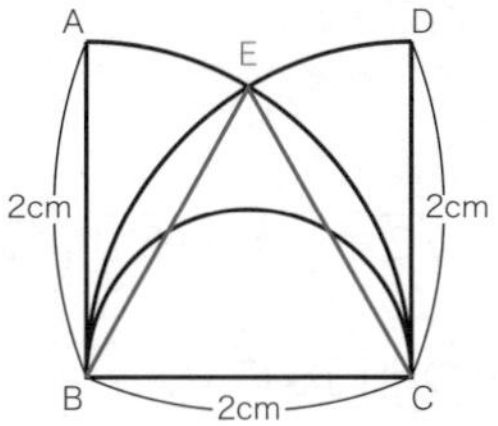

まず、①の面積を求める。ＡＣとＢＤの交点をＥとおき、ＢＥ、ＣＥをそれぞれ直線で結ぶ。

ＢＥは中心点Ｂの円の半径ゆえ、ＢＥ＝2（cm）
ＣＥは中心点Ｃの円の半径ゆえ、ＣＥ＝2（cm）
ＢＣ＝2（cm）ゆえ、△ＥＢＣは各辺の長さが2cmであり、正三角形とわかる。
△ＥＢＣは正三角形ゆえ∠ＥＢＣは60°

扇形ＢＥＣの面積　−　正三角形ＥＢＣの面積

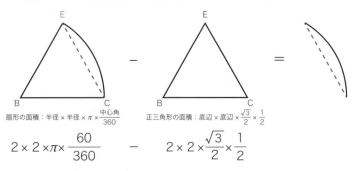

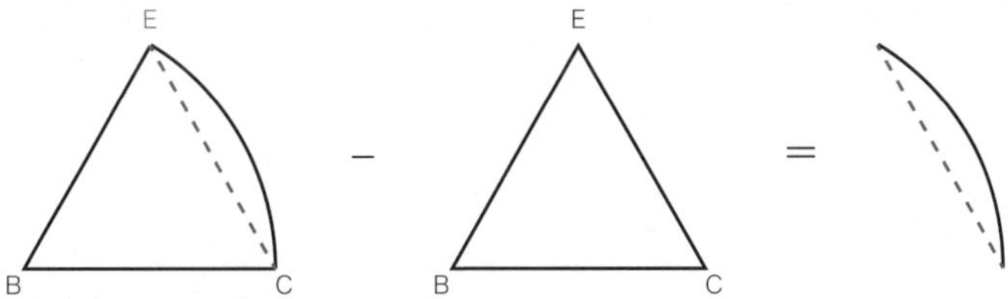

扇形の面積：半径 × 半径 × π × $\frac{中心角}{360}$　　正三角形の面積：底辺 × 底辺 × $\frac{\sqrt{3}}{2}$ × $\frac{1}{2}$

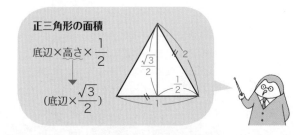

$$2 \times 2 \times \pi \times \frac{60}{360} \quad - \quad 2 \times 2 \times \frac{\sqrt{3}}{2} \times \frac{1}{2}$$

正三角形の面積

底辺×高さ×$\frac{1}{2}$

↓

（底辺×$\frac{\sqrt{3}}{2}$）

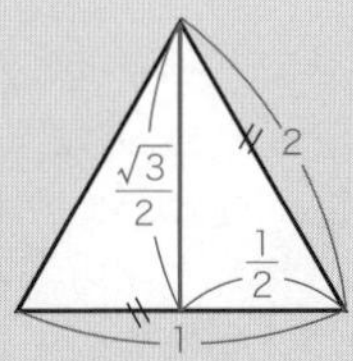

$$2\times2\times\pi\times\frac{60}{360}-2\sqrt{3}\times\frac{1}{2}=\frac{2}{3}\pi-\sqrt{3}$$

①は、下図のように分解することができる。

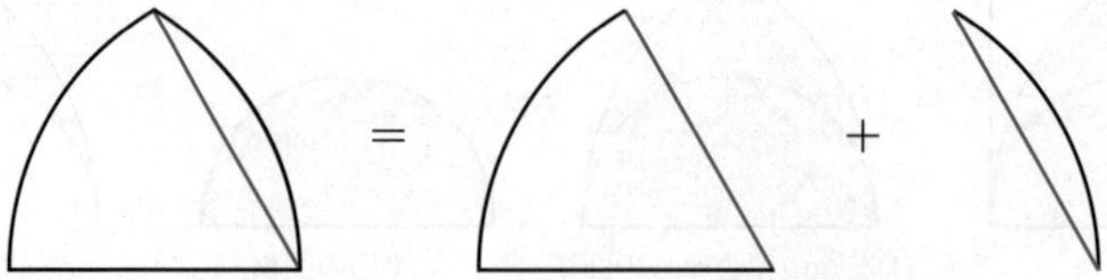

よって、①の面積は、

$$\left(2\times2\times\pi\times\frac{60}{360}\right)+\left(\frac{2}{3}\pi-\sqrt{3}\right)=\frac{2}{3}\pi+\frac{2}{3}\pi-\sqrt{3}=\frac{4}{3}\pi-\sqrt{3}$$

次に、②半円の面積を求める。②は直径２cmの半円なので、

その面積は、$1\times1\times\pi\times\frac{1}{2}=\frac{\pi}{2}$

①－②で斜線部分の面積を求める。

$$\left(\frac{4}{3}\pi-\sqrt{3}\right)-\frac{\pi}{2}=\frac{8\pi}{6}-\sqrt{3}-\frac{3\pi}{6}=\frac{5\pi}{6}-\sqrt{3}$$

よって、答えは選択肢１となる。

8 答 5

数的推理／虫食い算

計算式の空欄について、わかるところから順に検討する。

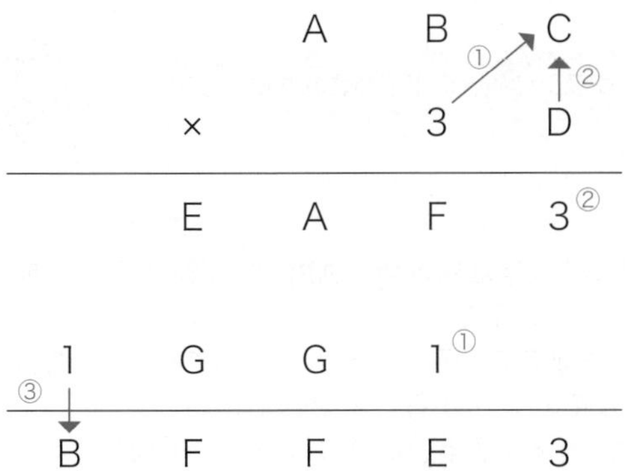

①3×Cで算出された数値の一の位が1なので、3×7＝21だったと推測できる。よって、C＝7

		A	B	7
	×		3	D
	E	A	F	3
1	G	G	1	
B	F	F	E	3

②D×Cについて、C＝7を代入するとD×7となる。これで算出された数値の一の位が3なので、9×7＝63だったと推測できる。よって、D＝9

		A	B	7
	×		3	9
	E	A	F	3
1	G	G	1	
B	F	F	E	3

③千の位の部分の足し算（E＋G）が仮に8＋9だったとしても、8＋9＝17ゆえ2以上繰り上がることはない。よって、繰り上がる数字は最大でも1である。
したがってBは、1がそのまま下りてくる（B＝1）、もしくは、下りてきた1に千の位から繰り上がってきた1が加わる（B＝2）のどちらかである。問題文の条件に「1と3を除く0～9の数字」とあるので、B＝2と決まる。

		A	2	7
	×		3	9
	E	A	F	3
1	G	G	1	
2	F	F	E	3

求めるGについては、ABC×3＝1GG1の関係にあり、B＝2、C＝7ゆえ、A27×3＝1GG1となる。27×3＝81より、G＝8とわかる。
よって、答えは選択肢5となる。

9 答 4

資料解釈

1 平成25年のえびの輸入額の対前年増加率は約23%、平成26年は対前年増加率が約2%であり、増加している。誤り。

グラフの傾きにまどわされないように。

2 グラフから平成26年は対前年増加率が17%ゆえ、平成25年が100とするなら平成26年は117。
平成27年は、対前年増加率はマイナス7%であるが、指数にすると概ね8%ゆえ、平成26年の117から8減で約109。
ということは、平成27年(109)のほうが、平成25年(100)より多いので、最も少ないのは平成27年とする選択肢2は誤り。

概算は掛け算ではなく足し算(引き算)で
117の7%減は正確には、
117－117×0.07＝117－8.19＝108.81である。
117の7%は117×0.07と計算するのが正解だが、100の7%が7ゆえ、117の7%はそれより少し大きい8%くらいと概算し、117－8＝109と計算する。

3 選択肢2と同様に概算すると、平成25年のとうもろこしの輸入額を100とおくと、平成26年は約88、平成27年は約84となり、75を上回っているので、誤り。

4 同様に平成25年の木材チップの輸入額を100とおくと、平成26年は約110、平成27年は約123、平成28年は約106となる。平成26年から平成28までの3か年の平均は、明らかに平成25年の100を上回っているので、正しい。

5 平成27年に増加しているのは木材チップのみであり、誤り。

⑩ 答 5

数的推理／平面分割

下図のように、各ピースをａ～ｆとする。

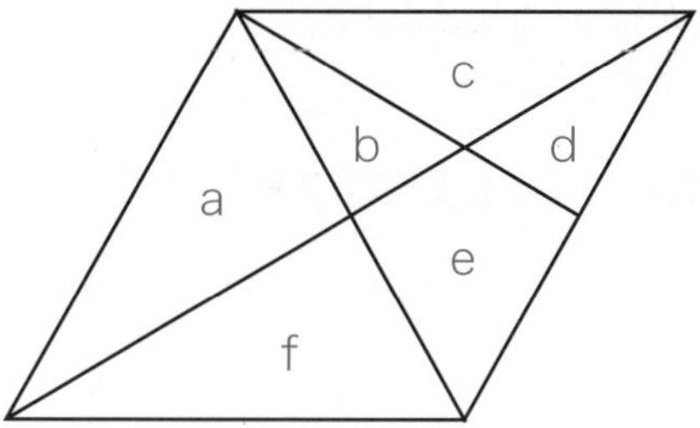

①１つで三角形となっているもの
ａ、ｂ、ｃ、ｄ、ｆの５個
②２つ合わせて三角形となるもの
ａとｂ、ａとｆ、ｂとｃ、ｂとｅ、ｃとｄ、ｄとｅの６個
③３つ合わせて三角形となるもの
ａとｂとｃ、ｄとｅとｆの２個
④４つ合わせて三角形となるもの
ｂとｃとｄとｅの１個

以上より、全部で５＋６＋２＋１＝14(個)。

⑪ 答 2

判断推理／空間把握

立方体は６面あるので、「他の立方体と４つの面が接している立方体」の場合、残りの２面は接していないことを意味する。
問題文の図について、上の段から段ごとに分けて、他の立方体と接していない面、つまり外から見えている面の数を整理すると、次のとおりになる。

上段

3	4
4	

中段

②	1	3
1	1	3
3	3	

下段

3	②	②	4
②	1	1	3
②	1	②	3
4	3	3	4

２つの面が接していない立方体が、「他の立方体と４つの面が接している立方体」ゆえ、上の図で外から見えている面の数が２面である立方体を数え上げれば良い。
全部で６個なので、答えは選択肢２となる。

⑫ 答 5

社会科学／政治

A 「指名」ではなく「任命」。指名は内閣が行う（憲法6条2項）。
B 外交関係の処理は内閣が行う（憲法73条2号）。
C 正しい。
D 「決定」ではなくて「認証」。決定は内閣が行う（憲法73条7号）。
E 正しい。

以上より答えは選択肢5となる。

（参考）
憲法第7条
天皇は、内閣の助言と承認により、国民のために、左の国事に関する行為を行ふ。
1 憲法改正、法律、政令及び条約を公布すること。
2 国会を召集すること。
3 衆議院を解散すること。
4 国会議員の総選挙の施行を公示すること。
5 国務大臣及び法律の定めるその他の官吏の任免並びに全権委任状及び大使及び公使の信任状を認証すること。
6 大赦、特赦、減刑、刑の執行の免除及び復権を認証すること。
7 栄典を授与すること。
8 批准書及び法律の定めるその他の外交文書を認証すること。
9 外国の大使及び公使を接受すること。
10 儀式を行ふこと。

⑬ 答 4

人文科学／現代文

A 「お召し上がりになられる」は「お～なる」「召し上がる」「～られる」が重なった三重敬語。「お召し上がりになる」も本来は二重敬語だが、定着しているため文部科学省は許容としている。誤り。
B 「お話しになる」「～していらっしゃる」をつないだ形で、二重敬語ではない。正しい。
C 「おられますか」は目上の人に対して使う表現であり不適切。正しくは「いますか」である。誤り。
D 「ごゆっくりお召し上がりください」のほうがより丁寧である。誤り。
E 「案内」「する」をそれぞれ敬語にした形で、二重敬語ではない。正しい。
よって、BとEが正しいので、答えは選択肢4となる。

14 答 3

人文科学／日本史

1 関税自主権は、小村寿太郎が完全回復をした。
2 日清戦争の講和条約は、下関条約である。
3 正しい。
4 日本はポーツマス条約でロシアから賠償金を獲得できなかった。
5 日本は京城に朝鮮総督府を置き、植民地支配を始めた。関東都督府が置かれたのは遼東半島の旅順。

15 答 3

人文科学／世界史

1 ハンニバルがローマを破ったのはカンネーの戦いである。そして、ザマの戦いでローマの将軍スキピオが、ハンニバル率いるカルタゴ軍を撃破した。
2 グラックス兄弟は、護民官となった。
3 正しい。
4 アントニウスはオクタウィアヌスとの関係が悪化し、クレオパトラと結んだが、アクティウムの海戦で敗れた。
5 遷都したのはコンスタンティヌス大帝である。

16 答 3

社会科学／政治

日本国民は、正当に選挙された国会における代表者を通じて行動し、われらとわれらの子孫のために、諸国民との協和による成果と、わが国全土にわたつて自由のもたらす恵沢を確保し、政府の行為によつて再び戦争の惨禍が起ることのないやうにすることを決意し、ここに主権が国民に存することを宣言し、この憲法を確定する。そもそも国政は、国民の厳粛な信託によるものであつて、その権威は国民に由来し、その権力は国民の代表者がこれを行使し、その福利は国民がこれを享受する。これは人類普遍の原理であり、この憲法は、かかる原理に基くものである。われらは、これに反する一切の憲法、法令及び詔勅を排除する。

17 答 2

人文科学／倫理

1 実存の三段階とは、美的実存、倫理的実存、その総合である宗教的実存の三段階である。
2 正しい。
3 ヤスパースの思想である。
4 ハイデガーの思想である。
5 ニーチェは、「神は死んだ」と語った。

18 答 3

自然科学／生物

A 正しい。
B 分解者についての記述である。
C 個体数ピラミッドについての記述である。
D 正しい。

よって、AとDが正しいので、答えは選択肢3となる。

19 答 5

自然科学／地学

大気圏とは、地球を取り巻く薄い層(地上から100kmくらいまで)のこと。大気は4層構造をしており、上から、熱圏、中間圏、成層圏、対流圏と名付けられている。

7th DAY｜一般知能

問題は本冊66～77ページ

① 答 1

判断推理／集合

キャロル表を作成する。電車、バス及び自転車の３つの交通手段をすべて利用している学生の人数をx人とし、条件Ａ～Ｄを書き込むと下図のとおりになる。

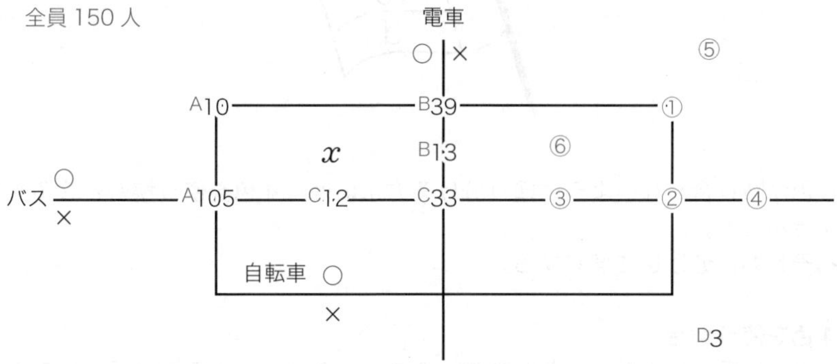

キャロル表からわかることを順に埋めていく。

① 39 － 10 ＝ 29(人)
バス○ － 電車○ バス○ ＝ 電車× バス○

②150 － 105 ＝ 45(人)
全体 － 電車○ ＝ 電車×

③ 33 － 12 ＝ 21(人)
自転車○ － 電車○ 自転車○ ＝ 電車× 自転車○

④ 45 － 21 ＝ 24(人)
電車× － 電車× 自転車○ ＝ 電車× 自転車×

⑤ 24 － 3 ＝ 21(人)
電車× 自転車× － 電車× バス× 自転車× ＝ 電車× バス○ 自転車×

⑥ 29 － 21 ＝ 8(人)
電車× バス○ － 電車× バス○ 自転車× ＝ 電車× バス○ 自転車○

xはバスも自転車も利用している13人から⑥のバスと自転車を利用し、電車を利用していない人数を引いて求められるので、x＝13－8＝5(人)
よって、答えは選択肢１となる。

② 答 3

数的推理／順列

４つの区分をそれぞれａ、ｂ、ｃ、ｄとする。

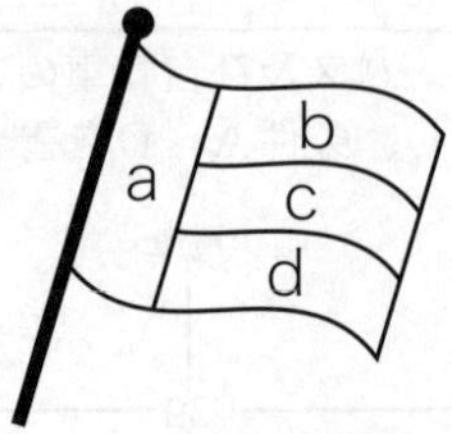

同じ色が隣り合わないように塗り分ける方法には、４色を使う場合と３色を使う場合がある。
それぞれ場合分けして検討する。

①４色を使う場合

どのように配色しても同じ色が隣り合うことはない。ａの色から順番に考えると下のようになる。

ａの色		ｂの色		ｃの色		ｄの色
４(通り)	×	３(通り)	×	２(通り)	×	１(通り) ＝24(通り)
		ａで使った以外のどの３色でも良い		ａ、ｂで使った２色以外の２色のどちらか		残った色を使うしかない

②３色を使う場合

同じ色が隣り合わないようにするためには、同じ色を使える場所はｂとｄしかない。そこで、ａ、ｂ、ｃの配色を考える(ｄはいつもｂと同じ色にすれば良い)。

ａ、ｂ、ｃに使う３色を、４色の中から選ぶと$_4C_3=\dfrac{4\times3\times2}{3\times2\times1}=4$(通り)

選んだ３色をａ、ｂ、ｃの順に塗り分けるのは、$3\times2\times1=6$(通り)
よって３色の組み合わせ(４通り)それぞれに対して、６通りの塗り分け方があるので、$4\times6=24$(通り)の塗り方がある。

以上より、$24+24=48$(通り)なので、答えは選択肢３となる。

❸ 答 5

判断推理／順序

スポーツ施設（サッカー場：[サ]、体育館：[体]、プール：[プ]）、文化施設（音楽ホール：[音]、図書館：[図]、博物館：[博]）として、各条件を図示する。整備された順に左から右へ並べる。

ア　[体]～[サ]　……①　　[図]～[音]～[博]　……②

イ

スポ	スポ
体	

……③

ウ

スポ	スポ
	プ

……④

スポ	
	博

……⑤

エ

	スポ
音	

……⑥

オ　スポーツ施設で最も早いのは、全体の２番目　……⑦

⑦より６つの中で最も早いのは文化施設とわかり、②より、文化施設で最も早いのは図書館と決まる。

次に、⑥の[音][ ]（スポ）の入り方について検討する。下記の３パターンが考えられる。

文	スポ		スポ		
図		音			

……⑧

	スポ			スポ	
図			音		

……⑨

	スポ				スポ
図				音	

……⑩

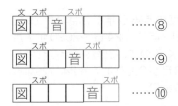

⑧の場合、③の体育館が入るのは音楽ホールの右側となる。すると、④よりプールが体育館の右と決まる。しかし、そうなると図書館の次がサッカー場となってしまい、これは①に反する。よって、⑧は不適。
⑩の場合、博物館が音楽ホールよりも左側となり、②に反する。よって、⑩は不適。
以上より、⑨を検討する。
②より博物館は最後。③④より体育館とプールが図書館の次に入る。そして、①より音楽ホールの右側にサッカー場が入り、すべての順番が確定する。

図	体	プ	音	サ	博

最初から数えて３番目に整備された施設はプールである。よって、答えは選択肢５となる。

④ 答 2

数的推理／確率

２個以上のサイコロが同じ目を出す場合は、３個のサイコロがすべて異なる目を出す場合以外である。
３個のサイコロの目の出方は、全部で６×６×６＝216(通り)。
そのうち３個とも異なる目となる場合は、

１つ目		２つ目		３つ目	
6(通り)	×	5(通り)	×	4(通り)	＝120(通り)
6通り		１つ目が出した目以外		１つ目と２つ目が出した目以外	

よって、２個以上のサイコロが同じ目になる場合は、216－120＝96(通り)

以上より、２個以上のサイコロが同じ目を出す確率は、$\frac{96}{216}=\frac{4}{9}$なので、
答えは選択肢２となる。

⑤ 答 4

数的推理／数列

2019年７月24日が水曜日なので、その７日後の７月31日は水曜日となり、さらにその７日後も水曜日である。
また、１年は通常365日であるが、４年に一度のうるう年だけは２月29日が存在し、１年が366日となる。よって、2019年７月24日～2020年７月23日までで366日ある。７日おきに水曜日がくるので、366÷７＝52(余り２)より、2019年７月24日から52週間と２日目が2020年７月24日となる。
水曜日の52週間後は水曜日で、その２日後は金曜日。
2020年７月24日は下図のとおり金曜日である。

	水	木	金	土	日	月	火
52週	7/24	25	26	27	28	29	30
	31	8/1	2	3	4	5	6
	…	…	…	…	…	…	…
	…	…	…	…	…	…	…
	7/22	23	24				
	52週後		52週と２日後				

よって、答えは選択肢４となる。

⑥ 答 5

数的推理／方程式

この本の全ページ数をxページとおく。

1日目に読んだページ数は、$x\times\frac{1}{3}+40=\frac{x}{3}+40$

2日目に読んだページ数は、

$$\{x-(x\times\frac{1}{3}+40)\}\times\frac{1}{2}+35$$
$$=(x-\frac{x}{3}-40)\times\frac{1}{2}+35$$
$$=(\frac{2}{3}x-40)\times\frac{1}{2}+35$$
$$=\frac{1}{3}x-20+35$$
$$=\frac{1}{3}x+15$$

読んでいないページ数が全ページ数の$\frac{1}{4}$ということは、読んだページ数は

全ページ数の$\frac{3}{4}$であるゆえ、$x\times\frac{3}{4}=\frac{3}{4}x$

よって、次のように式を立てることができる。

1日目に読んだページ数　2日目に読んだページ数

$$(\frac{x}{3}+40)+(\frac{1}{3}x+15)=\frac{3}{4}x$$
$$\Rightarrow\ \frac{2}{3}x+55=\frac{3}{4}x$$
$$\Rightarrow\ 55=\frac{9}{12}x-\frac{8}{12}x$$
$$\Rightarrow\ \frac{x}{12}=55$$
$$\Rightarrow\ x=660\text{(ページ)}$$

よって、答えは選択肢5となる。

⑦ 答 1

数的推理／売買と割合

販売単価を10円値上げするごとに、年間の販売個数が1000個ずつ減っていくので、各選択肢の販売単価にすると、それぞれいくら販売個数が減るかを考える。

10円(10円×1) → 1000個減少(1000個×1)
20円(10円×2) → 2000個減少(1000個×2)
30円(10円×3) → 3000個減少(1000個×3)
⋮ ⋮
500円(10円×50) → 50000個減少(1000個×50) ……選択肢1
600円(10円×60) → 60000個減少(1000個×60) ……選択肢2
700円(10円×70) → 70000個減少(1000個×70) ……選択肢3
800円(10円×80) → 80000個減少(1000個×80) ……選択肢4
900円(10円×90) → 90000個減少(1000個×90) ……選択肢5

各選択肢の売上金額を計算すると、
選択肢1　2500×(300000－50000)＝625000000(円)
選択肢2　2600×(300000－60000)＝624000000(円)
選択肢3　2700×(300000－70000)＝621000000(円)
選択肢4　2800×(300000－80000)＝616000000(円)
選択肢5　2900×(300000－90000)＝609000000(円)
以上より、年間売上が最大となるのは、販売単価2500円のときである。

⑧ 答 4

数的推理／図形(面積)

４つある斜線部分の１つぶんの面積は、次のように求めることができる。

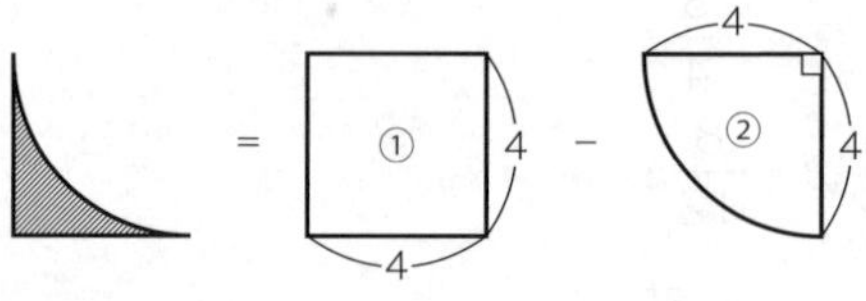

①の面積は、$4\times4=16$

②の面積は、$4\times4\times\pi\times\frac{1}{4}=4\pi$ ……円の面積(半径×半径×π)の４分の１

よって、斜線部分の１つ分の面積は、$16-4\pi$
これが４つぶんなので、$(16-4\pi)\times4=4(4-\pi)\times4=16(4-\pi)$

⑨ 答 4

数的推理／図形

下図のとおり、各点をE～Nとする。

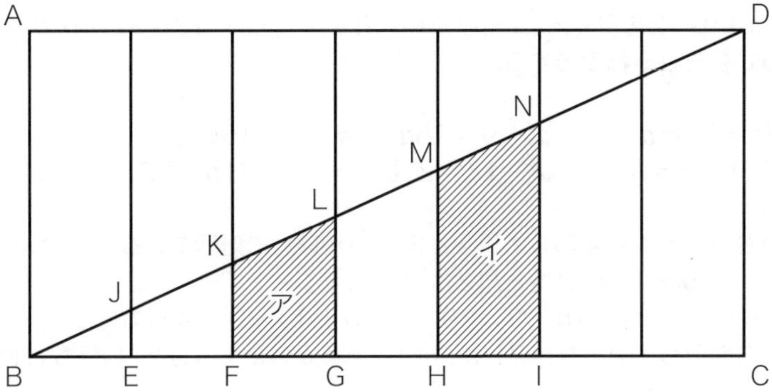

△ＢＫＦをもとに考える。
△ＢＫＦと△ＢＬＧに着目する。
ＫＦ∥ＬＧゆえ、△ＢＫＦと△ＢＬＧは相似である。
ＢＦ：ＢＧ＝２：３ゆえ、相似比は２：３。
相似比２：３なので、△ＢＫＦと△ＢＬＧの面積比は2^2：3^2となる。
すなわち、△ＢＫＦ：△ＢＬＧ＝４：９
したがって、アの部分は、△ＢＬＧの面積－△ＢＫＦの面積ゆえ、９－４＝５
よって、△ＢＫＦ：□ＦＫＬＧ(ア)＝４：５　……①

同様にして、△ＢＫＦ∽△ＢＭＨ∽△ＢＮＩとなる。
相似比は２：４：５なので、面積比は2^2：4^2：5^2＝４：16：25
したがって、イの部分は、△ＢＮＩの面積－△ＢＭＨの面積ゆえ、
25－16＝９
よって、△ＢＫＦ：□ＨＭＮＩ(イ)＝４：９　……②

①②より、ア：イ＝５：９となる。

⑩ 答 4

数的推理／整数

求める数をxとおく。
xに9を足すと15で割り切れるので、$(x+9)\div15=a$（aは整数）。
また、xから12を引くと21で割り切れるので、$(x-12)\div21=b$（bは整数）。
上記の式をそれぞれ変形する。

$(x+9)\div15=a \Rightarrow x+9=15a \Rightarrow x=15a-9$ ……①
$(x-12)\div21=b \Rightarrow x-12=21b \Rightarrow x=21b+12$ ……②

①②の右辺をうまく変形して「15と21の公倍数」で処理できないか考えてみる。
②の$x=21b+12$の「21」と「12」に着目する。
差が9なので、$x=21b+21-9=21(b+1)-9$と変形できる。 ……②´
この式を変形して$x+9=21(b+1)$とすると、$x+9$は21の倍数とわかる。

一方、①を変形して$x+9=15a$とすると、$x+9$は15の倍数とわかる。

よって、$(x+9)$は15と21の公倍数。
公倍数は、最小公倍数の倍数であるから、15と21の最小公倍数を求める。

$$\begin{array}{r|rr} 3 & 15 & 21 \\ \hline & 5 & 7 \end{array}$$

$3\times5\times7=105$となり、これが最小公倍数である。
よって、$x+9=105\times1$、105×2、105×3、……となる。
求めるのは2番目に小さい数ゆえ、$x+9=105\times2$であり、$x=201$

⑪ 答 1

数理判断／仕事算

Aのポンプの1分間あたりの排水量をaとおき、Bのポンプの1分間あたりの排水量をbとおく。また、満水のプールの水量を1とおく。
「Aのポンプだけで12分間排水し、その後Bのポンプだけで10分間排水すると、プールの水がなくなる」ので、$a\times12$(分)$+b\times10$(分)$=1$ ……①
「AのポンプとBのポンプで同時に8分間排水し、その後Bのポンプだけで7分間排水してもプールの水がなくなる」ので、
$(a+b)\times8$(分)$+b\times7$(分)$=1$ ……②

①と②を連立させて解くと、$a=\frac{1}{20}$

Aのポンプだけで排水したときにかかる時間は、$1\div\frac{1}{20}=20$(分)となる。

⑫ 答 1

数的推理／方程式

各てんびんを式で表す。○：3 (kg)、□：x(kg)、△：y(kg)、☆：z(kg)とおく。

$3\times2+3x=6y \Rightarrow 3x-6y=-6$ ……①
$x+2y=3\times6 \Rightarrow x+2y=18$ ……②
$3\times3+2x+y=z \Rightarrow 9+2x+y=z$ ……③

①と②を連立すると、$x=8$ (kg)、$y=5$ (kg)。
$x=8$、$y=5$を③に代入すると、$z=3\times3+2\times8+5=30$(kg)。

⑬ 答 2

資料解釈

1 2010年の欧州材の輸入量は2264千m^3。これを1.2倍すると2716.8千m^3となり、2012年の欧州材の輸入量(2436千m^3)を上回っている。よって、2012年の指数は120を下回るので、誤り。

2 2010年から2013年までの北洋材の輸入量の1年あたりの平均を求めると、$(747+870+774+889)\div4=820$(千$m^3$)となる。よって、830千$m^3$を下回っており、正しい。

3 製材の輸入量の合計に占める米材の輸入量の割合は、次の計算式で求める。ただし、本選択肢では計算は不要である。

$$\frac{\text{米材の輸入量}}{\text{製材の輸入量の合計}}$$

製材の輸入量の合計は、各材種の数値を足して算出するのではなく、縦軸から大体の数値を読み取れば良い。
2011年から2013年までの各年の米材の輸入量は2700～2800前後とあまり違いはないが、製材全体の輸入量は2013年が他の年に比べて多いので、米材の割合は2013年が最も小さいと推測できる。誤り。

4 北洋材の輸入量が前年に比べて増加しているのは、2011年と2013年である。2013年の対前年増加率を調べると、$\frac{889-774}{774}\times100=14.8$(%)となり、12%を上回っている。誤り。

5 2012年の米材の輸入量に対するその他の輸入量の比率は、

$\frac{\text{その他の輸入量}}{\text{米材の輸入量}}=\frac{638}{2714}=0.23$であり、0.1を上回っている。誤り。

⑭ 答 1

判断推理／空間把握

下図のように各頂点をA～Fとする。

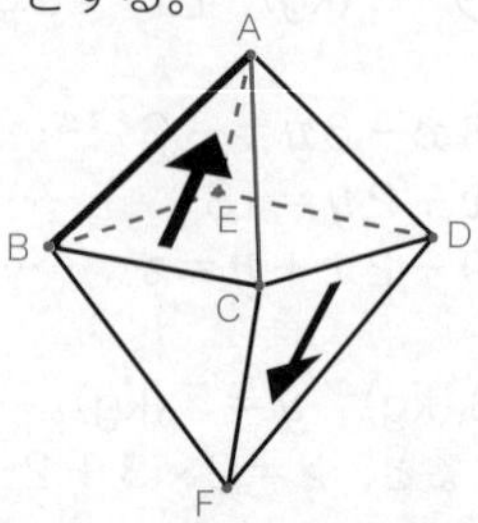

A～Fの頂点の関係は、次のようになる。図をよく見比べて確認しよう。

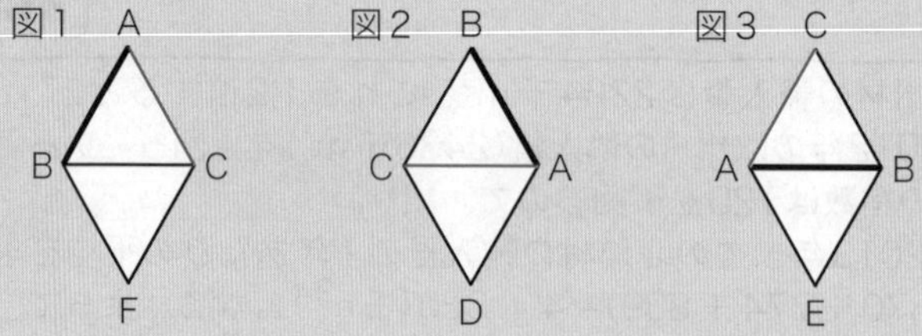

各選択肢の展開図に、A～Fの頂点を記入すると、下図のとおりになる。
図1よりAの向こう側にF、図2よりBの向こう側にD、図3よりCの向こう側にEがあることがわかる。これにしたがって、各選択肢の展開図に頂点を記入する。

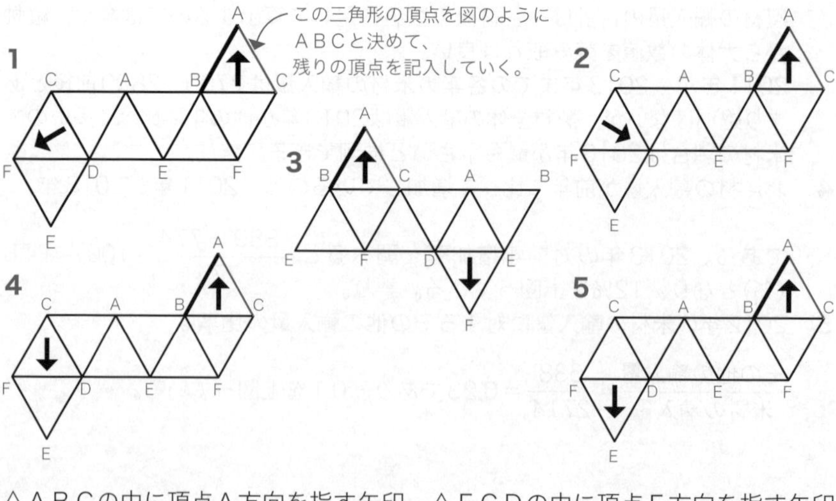

△ＡＢＣの中に頂点Ａ方向を指す矢印、△ＦＣＤの中に頂点Ｆ方向を指す矢印のある展開図は選択肢１だけである。

15 答 4

文章理解／現代文

1 第１段落に書かれている内容だが、主旨としては不適。
2 「人間と動物の区別について」が主題ではないので、不適。
3 第２段落に書かれている内容だが、言語そのものについてしか捉えておらず、不適。
4 「言葉」と「学」についての関係について正しく述べているので、妥当である。
5 文中では、「言葉」が「学」の種子となることが不思議だと述べているので、合致しない。

16 答 1

文章理解／英文

1 本文7～9行目に「In 2016, Apple resisted requirement by the FBI ～ mass shooting in California.」とあり、resistは「抵抗」を意味することから、FBIの依頼は快諾されなかったことが読み取れる。内容と一致する。
2 本文5～6行目に「This isn't the first case of legal battles over how to deal with digital data whose owners have passed away.」とあり、初の裁判ではなかったとわかる。誤り。
3 本文9行目以降にがんで亡くなったイタリアの息子の話が出てくるが、これは選択肢１のカリフォルニアにおける銃乱射事件に対するアップル社の対応の対照的な例として述べられているものである。イタリアの事例ではアップル社は父親の要求を受け入れた。誤り。
4 本文に書かれていない。
5 本文に書かれていない。

〔日本語訳〕

ドイツにて、娘の死が事故であったかどうか確かめるために亡き娘のアカウントへのアクセスを求める母親がFacebook社を訴えた。
この訴訟は、アカウント主が死亡した後のデジタルデータ処理に関する初めての事例ではない。
2016年、FBIはカリフォルニアの銃乱射事件の実行犯について捜査するため、アップル社に実行犯の携帯ロック解除を依頼したが、アップル社は抵抗した。しかし、がんで息子を亡くした父親が息子の携帯ロック解除を依頼したイタリアの事例では、アップル社は依頼を快諾し、父親に息子の貴重な思い出と写真へのアクセスを可能にした。

〔押さえておきたい英単語〕

・sue：訴える　・pass away：亡くなる　・resist：抵抗する
・belong to A：Aに所属する　・carry out：実行する
・mass shooting：銃乱射事件　・cancer：がん
・unlock A：Aを開ける

17 答 4

文章理解／英文

それぞれの英文の直訳は、次のとおりである。

A　魚に泳ぎ方を教えても意味がない。
B　習慣により万事が容易になる。
C　走る前に歩くことを習え。
D　寝ている犬は寝かせておけ。
E　不幸は単独では来ない。

Aの英文は「釈迦に説法」、Cの英文は「千里の道も一歩から」、Dの英文は「触らぬ神に祟りなし」に当たるため、誤り。
Bは、「人から教わるより、実際に経験を積んで体で覚えていくほうがよく身につく」という意味であり、Eは、「不幸なことの上にさらに不幸が重なる」という意味で、日本語に対応している。よって、答えは選択肢４となる。

18 答 3

文章理解／現代文

A　「危機一髪」である。
B　正しい。
C　「五里霧中」である。
D　「絶体絶命」である。
E　正しい。

よって、BとEが正しいので、答えは選択肢３となる。

7th DAY 一般知識

問題は本冊78～81ページ

⑲ 答 2

人文科学／日本史

A 勅撰集に準じられたことにより、連歌は和歌から独立し、独自の文化としての地位を占めるようになった。正しい。
B 侘び茶は、安土桃山時代に流行した。
C 正しい。
D 水墨山水画を大成したのは、雪舟である。

よって、AとCが正しいので、答えは選択肢2となる。

⑳ 答 5

人文科学／日本史

1 井伊直弼が調印したのは、日米修好通商条約である。
2 公武合体を進めたのは、老中の安藤信正である。
3 池田屋事件についての記述である。
4 生麦事件は、薩摩藩の島津久光一行が江戸から帰途する際に起こった事件である。
5 正しい。

㉑ 答 4

人文科学／世界史

フェリペ2世は、父親であるカルロス1世から広大な領土を継承し、レパントの海戦での勝利やポルトガル併合を通じてスペイン絶対王政の最盛期を築いた。熱烈なカトリック政策を推進してネーデルラント独立戦争を招き、1588年には無敵艦隊がイギリスに敗れ、国力は衰退に向かった。

㉒ 答 3

社会科学／政治

A 条約の承認は国会が行う(憲法73条3号)。
B 予算の作成は内閣が行う(憲法86条)。
C 最高裁判所長官の任命は天皇が行う(憲法6条2項)。
D 政令は内閣が制定する(憲法73条6号)。
E 憲法改正の発議は国会が行う(憲法96条1項)。

よって、BとDが正しいので、答えは選択肢3となる。

23 答 5

社会科学／政治

1 下級裁判所は、高等裁判所、地方裁判所、簡易裁判所、家庭裁判所の４種類に限定されている。
2 控訴と上告の説明が逆である。
3 違憲立法審査権は、下級裁判所にも付与されている。
4 公の弾劾によっても罷免されることがある(憲法78条)。
5 正しい。

24 答 1

社会科学／経済

A 正しい。
B 国民純生産(NNP)についての記述である。
C 正しい。
D 第三次産業の占める割合が最も高い。
E 雇用者報酬の占める割合が最も高い。

よって、AとCが正しいので、答えは選択肢１となる。

25 答 5

自然科学／物理

氷に熱を加えると水になるように、固体から液体になる現象を融解といい、そのときの温度を融点という。一般に圧力が一定のとき、純粋な物質が融解をしている間、温度が一定に保たれるのは、外部から吸収する熱がすべて融解に使われるからであり、融点で固体を液体にするのに必要な熱を融解熱といい、融解熱や蒸発熱を潜熱と呼ぶ。

26 答 2

自然科学／地学

1 大陸地殻の厚さは30km程度であり、海洋地殻の厚さは５km程度。よって、大陸地殻のほうが厚みがある。
2 正しい。
3 マントルは地殻と比べて密度が大きい。
4 外核は液体であり、内核は固体である。
5 100m深くなるごとに、約３℃温度が上がる。